그림으로 생각하면 심플해진다

단 한 장의 그림으로
상황 정리 끝!

그림으로
생각하면
심플해진다

사쿠라다 준 지음 | 전지혜 옮김

뒤엉킨 생각과 문제를
말끔하게 정리하는 기술

그림으로 생각하면 심플해진다

초판 6쇄 발행 2021년 5월 10일

지은이 사쿠라다 준
옮긴이 전지혜
발행인 김시경
발행처 M31

출판등록 제2017-000079호 (2017년 12월 11일)
주소 경기도 김포시 김포한강 2로 11, 109-1502
전화 070-7695-2044
팩스 070-7655-2044
전자우편 ufo2044@gmail.com

ISBN 979-11-962826-5-3 03190

이 도서의 국립중앙도서관 출판예정도서목록(CIP)은 서지정보유통지원시스템 홈페이지
(http://seoji.nl.go.kr)와 국가자료공동목록시스템(http://www.nl.go.kr/kolisnet)에서
이용하실 수 있습니다.(CIP제어번호: CIP2018026661)

단 한 장의 그림으로
정리해보세요!

"제 취미는 '그림으로 생각 정리하기'에요."

처음 만난 사람에게 이런 말을 하면 신기하다는 표정을 짓곤 합니다. 그들에게는 특이한 취미로 보일 수도 있겠지만, 저는 《피터 드러커의 매니지먼트》를 그림 50장으로 정리했을 정도로 진지하게 임하고 있죠. 그 외에도 TV 방송 〈캄브리아 왕궁〉의 내용이나 테드TED 프레젠테이션 등, 다양한 것들을 그림으로 정리하고 있습니다.

이런 취미를 갖게 된 이유는 뭐든 '제대로 이해하고 싶다'라는 지적 욕구 때문이었습니다. 그런 거 있잖아요. 일례로 책 한 권을 다 읽었는데 그 맥락이 또렷이 잡히지 않고 조각조각 나 있는 느낌이요. 그런 각종 상황이나 복잡한 생각을 그림이라는 형식을 빌려 체계적으로 정리해보니 참 유익했습니다.

그렇게 그린 그림들 중 일부를 2010년에 만든 개인 홈페이지

'비주얼 싱킹Visual Thinking'에 올리기 시작했습니다. 곧이어 '내용을 이해하기 쉽다'거나 '재미있다'는 반응이 이어졌죠.

이후 컨설팅업체와 광고회사에서 직원연수와 워크숍 의뢰도 꽤 들어왔는데, 그 주제는 주로 '그림으로 정리하는 방법'이나 '프레젠테이션 자료 만들기'였습니다. 연수가 끝난 후에는 "그림 정리법에 대해 처음 알았다"거나 "유사한 내용의 책을 읽어봤지만 제대로 활용해본 적이 없는데, 이 방법은 쉽게 써먹을 수 있을 것 같다"는 반응이 많았고, 또 "우리 부서만 따로 다시 한 번 더 강연을 듣고 싶다"는 의뢰가 들어오기도 했습니다. 이렇게 한 회사의 여러 부서에서도 강연을 진행하면서 저는 그림 생각법이 특정 업무에 한하지 않고 폭넓은 상황에 적용할 수 있는 기술이라는 확신을 갖게 되었습니다.

◎ 여러분은 어떤 그림을 그리시겠습니까?

강연 때마다 제가 워밍업 차원에서 내주는 문제가 하나 있습니다. 일본의 전래동화 '모모타로 이야기'를 한 장의 그림으로 정리해보라는 것입니다. 이 동화를 잘 모르는 분도 있을 테니 우선 간략히 소개하겠습니다.

옛날 옛적 어느 마을에 노부부가 살았습니다. 어느 날 할아버지는 산에 나무를 하러 가고, 할머니는 냇가에 빨래를 하러 갔습니다. 냇가에서 할머니는 물에 둥둥 떠내려 오는 커다란 복숭아를 발견합니다. 그것을 집으로 가져가 먹으려고 쪼개는 순간 그 안에서 남자아기가 나옵니다. 마침 아이가 없던 노부부는 기쁜 마음으로 아기에게 모모타로라는 이름을 지어주고 친자식처럼 기릅니다. 아이는 무럭무럭 성장합니다.

그러던 어느 날 모모타로는 도깨비 섬의 도깨비가 사람들을 괴롭힌다는 이야기를 듣고는 도깨비를 물리치기로 결심하고 집을 나섭니다. 노부부는 이별 선물로 수수경단을 챙겨줍니다. 모모타로는 도깨비 섬으로 가는 도중에 만난 개, 원숭이, 꿩에게 수수경단을 나눠주고 그들과 친구가 됩니다. 그리고 그 친구들과 힘을 합해 도깨비와 싸워 멋지게 승리합니다.

자, 이제 이 이야기를 그림으로 어떻게 정리할지 잠시 생각해 보세요.

'모모타로 이야기'를 정리한 일반적인 그림

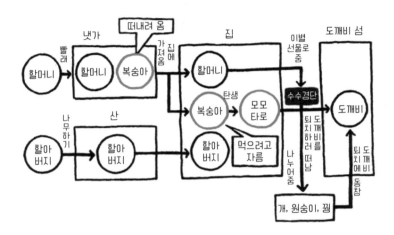

제 강연을 듣기 전에 사람들은 대부분 위와 같이 그림을 그리곤 합니다.

시간 흐름에 따라 등장인물을 모두 포함시켜 이야기를 잘 그려냈지만, 한눈에 쏙 들어오지는 않죠. 이는 모든 것을 담으려다 보니 그림이 복잡해져서 막상 가장 중요한 내용이 제대로 전달되지 않기 때문입니다. 직관적이지 않죠.

그럼, 다음 그림은 어떤가요?

'모모타로의 성장'이라는 시점에서 정리한 그림

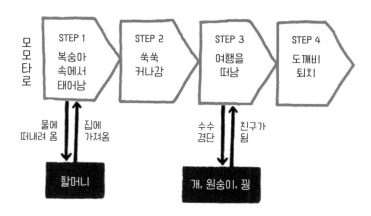

'모모타로의 성장'이라는 시점에서 정리한 그림입니다. 등장 인물과 시간의 흐름은 조금 전에 봤던 그림과 거의 같지만, '모 모타로의 성장'이라는 관점에서 이야기를 풀어보니 그림이 훨 씬 심플해지고 내용도 한눈에 파악하기 쉬워졌죠. 그래서 이 이 야기를 모르는 사람에게도 훨씬 쉽게 설명할 수 있습니다.

◎ 요점을 축약하여 부각한다

그림을 통해 생각할 때는 어디에 중점을 두어야 할지를 먼저 따져보아야 합니다. 자신이 중요하다고 여기는 지점, 즉 자기 시점을 정하는 것이죠. 앞의 그림에서는 '모모타로의 성장'을 주축으로 하여 인상적인 두 가지 일화(①냇가에서의 첫 만남, ②수수경단 일화)를 다루고 있습니다.

어디에 중점을 두어야 할지를 먼저 깊이 생각해보고 그림을 그리면, 나중에 다시 보아도 내용이 단번에 눈에 들어올 뿐만 아니라 누군가에게 자기 생각을 보다 쉽고 명확하게 전달할 수 있습니다.

기업 워크숍에서 처음부터 모모타로 이야기를 꺼내든 목적은 단 한 가지였습니다. 바로 다른 사람에게 무언가를 전달할 때는 본인의 '시점'을 정할 필요가 있음을 알려주기 위해서였죠. 회사에서는 아무래도 타인에게 자기 의견이나 생각을 전달할 일이 많고, 프레젠테이션도 빈번하니까요. 이렇게 그림 생각법은 자신의 생각 정리는 물론 남에게 자기 의견을 명확히 전달하는 데에도 큰 도움이 됩니다. 모든 내용을 담아내려고 하면 어떤 주제라도 복잡해지기 마련입니다. 많은 이들이 요점만 알고 싫어하므로 최대한 간결하게 정리하는 것이 중요합니다.

◎ 그림은 생각을 가다듬는 최고의 수단

모모타로 문제로 다시 돌아가보겠습니다. 그림에 '모모타로의 성장'이라는 시점을 집어넣으니 훨씬 심플해졌죠? 같은 주제라도 완성된 그림을 비교해보면 '그 사람이 무엇을 생각하는지'를 알 수 있습니다. 그림은 프레젠테이션 수단으로 사용되기 전에 자기 생각을 가다듬어서 투영하는 사고의 수단이 되기 때문이죠.

저는 강연을 시작하기 전에 미리 질문을 받아두곤 하는데, 그중에는 "색을 어떻게 사용하고 글씨체는 어떤 걸로 하면 좋을까요?" "간결한 레이아웃의 비결을 알고 싶어요"라는 질문이 가장 많습니다. 프레젠테이션용 그림을 염두에 두고 묻는 질문입니다. 하지만 그런 것들에 신경 쓰기 전에 해야 할 일은 따로 있습니다.

애초에 내용을 충분히 파악하고 그림을 그리고 있는가?

그릴 대상에 대한 이해가 부족하지는 않은가?

어떤 상황이나 문제를 그림으로 정리할 때는 '손재주' 이전에 그릴 대상에 대한 이해도를 높여야 합니다. 그릴 대상을 제대로 이해한 후에 그림을 그리면, 보기에 세련되지 않더라도 원하는 내용을 전달하는 데 큰 문제가 없을 뿐만 아니라 타인에게 설명하기도 쉬워집니다.

그런 점에서 그림 생각법은 외국어 공부와 유사합니다. '영어를 배우는 것'보다 '영어로 무엇을 전달할 것인가'가 중요하듯이 '그림으로 표현하는 기술을 배우는 것'보다 '그림으로 무엇을 전달할 것인가', 즉 그림의 내용 전달이 중요합니다.

◎ 왜 문자로는 안 될까?

'생각 정리나 이해, 내용 전달은 단어나 문장으로도 충분히 가능하지 않은가?'

이 또한 맞는 말입니다. 저는 '단어나 문장만으로는 안 된다'는 극단적인 말을 하려는 것이 아닙니다. 단어나 문장도 복잡한 생각을 정리하고 이해도를 높이기 위한 훌륭한 수단이 될 수 있습니다.

그런데 제가 굳이 그림을 사용하는 이유는 무엇일까요?

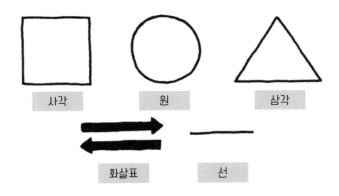

문장은 온갖 다양한 단어의 조합으로 만들지만, 그림은 위와 같은 심플한 요소의 조합으로 그릴 수 있습니다.

　말이나 글을 활용하면 다양하고 정서적인 표현이 가능하지만, 자칫 삼천포로 빠질 위험이 있습니다. 어떤 고민이 있다고 하죠. 문제가 뭔지, 해결책은 뭐가 있는지 글로 줄줄이 적어나가다 보면, 오히려 상황이 더 복잡하게 꼬여갈 수 있습니다. 표현 방식이 너무 광범위하기 때문이죠. 제가 그림 생각법을 추천하는 이유는, 그림을 사용하면 생각의 과정을 패턴화할 수 있기 때문입니다.

◎ 그림을 통해 얻을 수 있는 두 가지 장점

이 책에서 제가 말하는 '그림'은 선과 원, 화살표 등 단순한 요소의 조합으로 이루어지고, 사고 과정의 흐름을 반영한 일정한 틀, 즉 '이해의 형태'가 갖춰져 있는 것들입니다. 그래서 '이 내용을 이해하고자 할 때는 이 그림을 활용해서 생각해보자'는 식으로 간편하게 문제에 접근하면 됩니다.

① 사고 과정 자체가 심플해진다.
② 단순한 요소로 조합할 수 있어서 효율적이다.

그림을 활용하면 위와 같은 '두 가지 장점'을 얻을 수 있습니다.

생각의 논리적 흐름을 반영한 많은 그림들 중에서, 이 책에서는 활용 빈도를 기준으로 '7가지 그림'을 엄선하여 알려드리도록 하겠습니다. 이 그림들만 숙지한다면 무언가를 스스로 파악하거나 다른 사람을 이해시키기에 충분할 것입니다.

· 머릿속을 휘젓던 여러 고민을 말끔하게 해결할 수 있다.
· 회의나 거래처 상담에서 주도권을 쥘 수 있다.

· 요점을 신속하게 전달할 수 있다.
· 질 좋은 내용의 프레젠테이션을 할 수 있다.

　이 7가지 그림을 업무에 적용하면, 위와 같이 놀라울 정도로 업무가 간편해지며 일의 속도와 질을 극적으로 끌어올릴 수 있습니다. 이 책의 목적은 여러분의 머릿속에 '7가지 그림'을 확실히 각인시키는 것입니다. 이를 위해 다양한 내용을 준비했으니 하나씩 살펴봅시다. 내용을 모두 섭렵하고 나면 '7가지 그림'이 여러분의 피와 살이 되어 의식하지 않고도 업무와 일상에 활용할 수 있게 될 것입니다.

　그럼 먼저 '7가지 그림'을 소개하겠습니다.

1

교환도

모든 관계를 가시적으로 확인할 수 있다

사각형과 그것을 서로 잇는 양방향 화살표로

누가 누구(예: 판매자와 구매자)와 어떤 교환을 진행하는지

단번에 파악하도록 해주는 그림입니다.

이런 것도 가능합니다!

2

수형도

일의 구조를 깔끔하게 정리할 수 있다

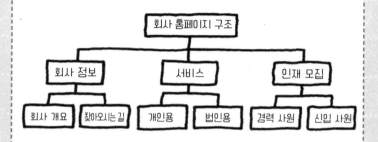

사각형과 그것을 서로 잇는 선을 이용해 정보를
누락하거나 중복하는 일 없이 정리·정돈하여,
전체적인 모습을 구조적으로 보여줄 수 있는 그림입니다.

이런 것도 가능합니다!

3

심화도

**의문점을 하나씩 깊게 파헤쳐가며
문제를 해결할 수 있다**

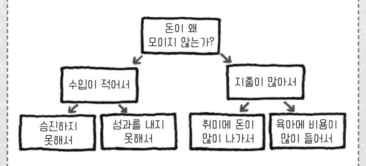

사각형과 화살표를 이용해

'왜?' '어째서?'를 반복적으로 물으며

답을 찾아갈 수 있는 그림입니다.

이런 것도 가능합니다!

④

비교도

2개의 축으로 차이점을 밝혀낼 수 있다

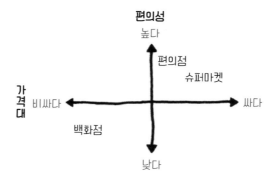

두 축으로 여러 항목을 비교하여 각각의 차이점을
밝혀내는 데 도움을 주는 그림입니다.

이런 것도 가능합니다!

5

과정도

목적과 목표를 이루기까지의 과정을
일목요연하게 보여줄 수 있다

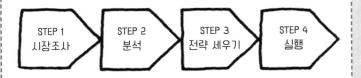

화살표 모양의 상자를 나열하여

어떤 계획을 세우거나 일의 진행과정을

한눈에 파악할 수 있도록 하는 그림입니다.

이런 것도 가능합니다!

벤다이어그램

특정 대상의 '특징'을 강조할 수 있다

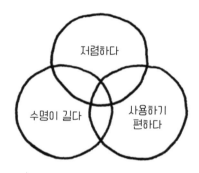

원을 사용하여 상품이나 서비스의 특징을
강조할 수 있는 그림입니다.

이런 것도 가능합니다!

7

피라미드도

목표의 방향성을 명확히 할 수 있다

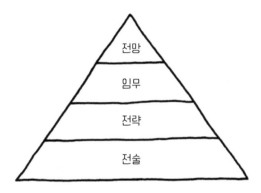

삼각형을 선으로 구분하여 상하 관계나 수준 차이를
명확히 인식할 수 있도록 해주는 그림입니다.

이런 것도 가능합니다!

지금까지 '생각 정리의 수단'으로서 엄선한 '7가지 그림'에 관해 간략히 설명했습니다. 이 책에서 소개할 그림은 이렇게 놀라울 정도로 단순합니다. 쓸데없는 꾸밈은 본질을 흐리게 만들 뿐이며, 이 7가지 그림은 그런 요인들을 사전에 차단시켜 상황을 심플하게 정리해줍니다.

무언가를 이해하는 과정은 굉장히 즐거운 일입니다. 복잡한 내용을 정리하지 않고 그대로 둔다면, 그런 즐거움을 외면하는 것과 같다고 볼 수 있죠. 참 안타까운 일입니다.

"그림으로 생각하면 심플해진다."

이 과정을 통해서 이해하는 즐거움과 기쁨을 직접 체험할 수 있기를 바랍니다.

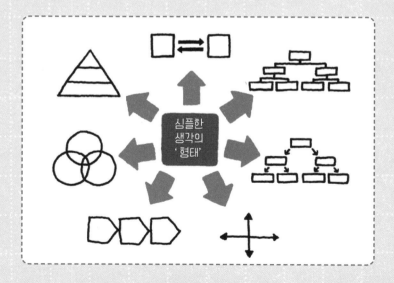

이 책의 사용법

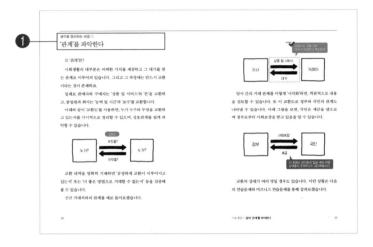

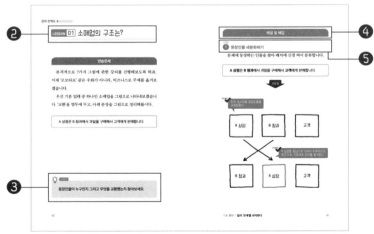

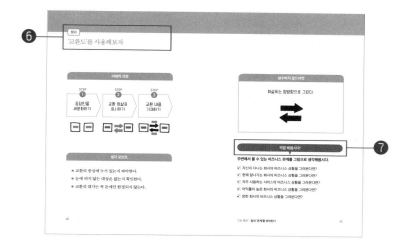

이 책은 그림 생각법의 기본기를 다지는 데 중점을 두고 있습니다. 이에 따라 책에서는 앞서 간략히 설명한 총 7가지 그림을 다룰 예정입니다. 각 장의 앞머리에 있는 '생각을 정리하는 비결'(❶)을 자세히 읽은 후, 강의(❷) 내용으로 넘어가주시기 바랍니다. 장마다 힌트(❸)도 준비되어 있으며, 해설 및 해답(❹)이 있으니 정답을 맞춰보세요. 해설은 단계별로 나누어져 있어(❺) 차근차근 생각의 흐름을 다듬을 수 있습니다.

또 강의 끝마다 내용을 정리(❻)해두어 전체적인 내용을 다시 한 번 간략히 점검할 수 있으며, '직접 해봅시다!'라는 샘플 문제(❼)를 통해 스스로 좀 더 훈련하는 시간을 갖도록 했습니다.

CONTENTS

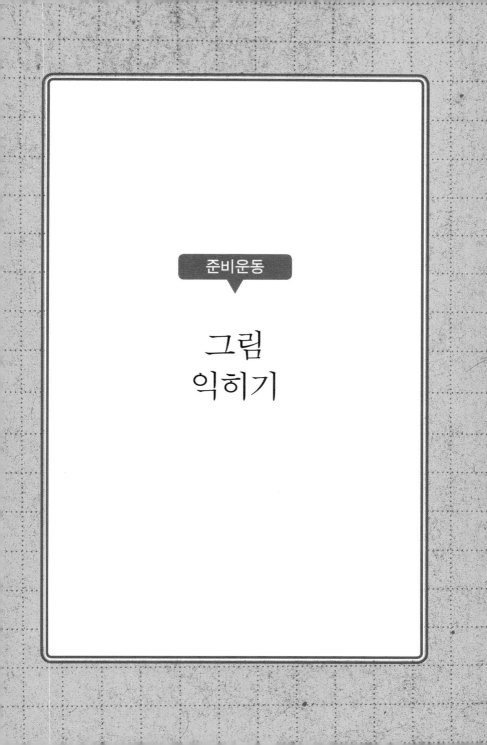

준비운동

그림
익히기

기본 중의 기본, 사각형과 화살표

7가지 그림에 관한 본격적인 설명에 앞서, 워밍업 차원에서 문제 두 개를 먼저 풀어보겠습니다. 그림 소재는 앞에서도 다뤘던 '모모타로' 이야기입니다. 앞에서는 그림으로 전체적인 흐름을 정리했다면, 이번에는 한 장면만 뽑아서 그려보고자 합니다. 준비운동 삼아 연습문제를 풀어보세요.

문제
모모타로는 개에게 수수경단을 나눠주었고 이후 둘은 친구가 되었습니다.

어떤가요? 그림이 머릿속에 바로 그려지나요?

'이걸 어떻게 그림으로 표현하라는 거야?'라고 생각하는 분도 있겠죠. 하지만 여기서 벌써 포기하시면 안 됩니다.

등장인물은 모모타로와 개입니다. 그리고 두 대상 사이에서 어떤 '교환'이 이루어지고 있죠. 앞서 소개한 '7가지 그림' 중에서 활용할 만한 그림이 없을까요?

이런 우화나 일상에서 흔히 볼 수 있는 광경은 '그림으로 생각하는 데 있어' 최고의 훈련 소재가 됩니다.

STEP
1 등장인물 세분화하기

우선 문제에 등장하는 인물을 찾아서 세분화합니다.

> **모모타로**는 **개**에게 수수경단을 나눠주었고 이후 둘은 친구가 되었습니다.

STEP
2 교환 화살표 표시하기

이어서 이 두 대상 사이에 어떤 교환이 이루어지고 있는지 나타내기 위해 양방향 화살표를 그려줍니다.

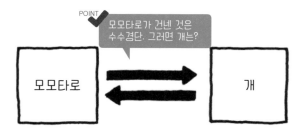

3 교환 내용 기재하기

교환한 것은 '수수경단', '친구가 된다', 이렇게 두 가지죠. 화살표로 이 두 가지를 표시합니다.

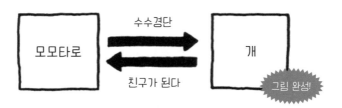

그림이 완성되었습니다. '교환도'로 우화의 한 장면을 정리해 봤는데요, 실제 거래 내역도 모두 이렇게 간략히 표현할 수 있습니다.

◎ 모든 거래 관계를 그림으로 정리할 수 있다!

일례로 교환도에 부품 제조사와 완성품 제조사의 거래 내역을 적용하면 어떻게 될까요? 아래 그림처럼 사각형 안에 등장인물을 넣고 화살표에 교환 내용만 바꿔 넣으면 완성됩니다.

수형도로
정리해봅시다

첫 번째 문제는 쉽게 푸셨죠? 그러면 이어서 모모타로의 다른 장면을 그림으로 정리해볼까요?

모모타로의 가족 구성원에는 할아버지와 할머니가 있습니다.
그리고 그에게는 개와 원숭이, 꿩이라는 친구도 있죠.

'굳이 그림으로 표현하지 않아도 될 내용'이라고 생각하실 수도 있지만, '그림으로 생각하기' 위해서는 이렇게 일상적이고 쉬운 것부터 반복적으로 연습해나가는 것이 중요합니다.

이 장면은 어떤 그림으로 정리하면 좋을까요? 이 문제에는 등장인물이 많이 나오니, 우선 모모타로를 돕는 팀의 구성을 정리한 후에 '수형도'를 활용해 풀어보도록 하겠습니다.

해설 및 해답

STEP
1 등장인물 세분화하기

우선 문제에 등장하는 인물을 세분화합니다.

모모타로의 가족 구성원에는 **할아버지**와 **할머니**가 있습니다.
그리고 그에게는 **개**와 **원숭이**, **꿩**이라는 친구도 있죠.

세분화

모모타로	할아버지	할머니
꿩	원숭이	개

분류하기

문제의 문장을 보면, 모모타로를 돕는 멤버는 '가족' 구성원과
'친구' 두 그룹이 있다는 것을 알 수 있습니다.

모모타로의 **가족** 구성원에는 할아버지와 할머니가 있습니다.
그리고 그에게는 개와 원숭이, 꿩이라는 **친구**도 있죠.

모모타로 아래에 두 그룹을 두고, 그 아래에 각 멤버를 배치해줍니다. 이렇게 '모모타로 팀'을 정리한 그림이 완성되었습니다.

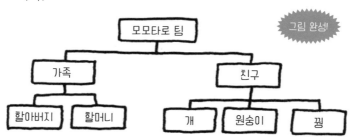

사각형과 선으로 깔끔하게 정리!

이 그림도 앞의 그림과 마찬가지로 실제 상황에 응용할 수 있습니다. 모모타로 이야기를 회사에 적용해 조직도로 바꿀 수 있죠. 사각형과 선만으로 모든 조직을 표현할 수 있습니다.

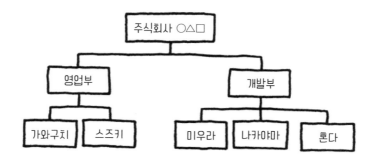

눈에 보이는 모든 것이
소재가 된다

준비운동을 해보니 어떠셨나요?

회사업무나 실전 상황이 아닌 '모모타로' 이야기를 소재로 연습을 해본 터라, 뭔가 싱겁고 맥 빠지는 기분이 들 수도 있겠습니다. 하지만 영어도 처음에는 실전이나 비즈니스와는 전혀 관계없는 'I have a pen'과 같은 문장을 먼저 배우지 않습니까?

이렇듯 우선은 주변 소재나 단순한 문제를 그려보면서 그림에 익숙해져야 합니다. 아침에 눈을 떠서 밤에 잠자리에 들 때까지, 주변의 모든 것이 그림 생각법의 대상이 될 수 있죠.

회사로 출근하는 과정, 늘 줄이 길게 늘어선 인기 식당의 비결, 독서 후 책 내용 요약하기, 회의시간이 길어지는 이유 등 주변 소재를 차근차근 그림으로 표현해봅시다.

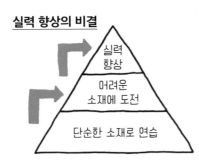

실력 향상의 비결

실력
향상

어려운
소재에 도전

단순한 소재로 연습

특정 자료나 회사업무를 정리할 때만 이런 그림을 활용할 게 아니라, 매사에 복잡해지지 않으려면 그림을 통해 생각을 정리하는 훈련을 매일같이 반복하는 게 좋습니다.

1

일의 '관계'를
파악한다

'관계'를 파악한다

◎ '관계'란?

사회생활의 대부분은 어떠한 가치를 제공하고 그 대가를 받는 관계로 이루어져 있습니다. 그리고 그 과정에는 반드시 교환이라는 것이 존재하죠.

일례로 판매자와 구매자는 '상품 및 서비스'와 '돈'을 교환하고, 종업원과 회사는 '능력 및 시간'과 '보수'를 교환합니다.

아래와 같이 '교환도'를 사용하면, 누가 누구와 무엇을 교환하고 있는지를 가시적으로 정리할 수 있으며, 상호관계를 쉽게 파악할 수 있습니다.

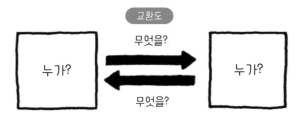

교환 내역을 명확히 기재하면 '공정하게 교환이 이루어지고 있는지' 또는 '더 좋은 방법으로 거래할 수 없는지' 등을 검증해볼 수 있습니다.

신규 거래처와의 관계를 예로 들어보겠습니다.

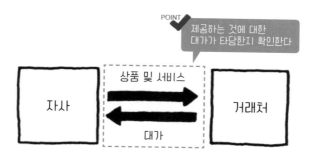

양사 간의 거래 관계를 이렇게 '시각화'하면, 객관적으로 내용을 검토할 수 있습니다. 또 이 교환도로 정부와 국민의 관계도 나타낼 수 있습니다. 아래 그림을 보면, 국민은 세금을 냄으로써 정부로부터 사회보장을 받고 있음을 알 수 있습니다.

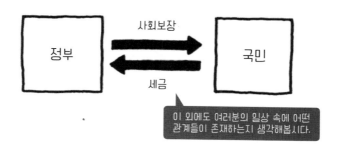

교환의 상대가 여러 명일 경우도 있습니다. 이런 상황은 다음의 연습문제와 비즈니스 연습문제를 통해 살펴보겠습니다.

LESSON **01** 소매업의 구조는?

연습문제

본격적으로 7가지 그림에 관한 강의를 진행해보도록 하죠. 이제 '모모타로' 같은 우화가 아니라, 비즈니스로 주제를 옮겨보겠습니다.

우선 기본 업태 중 하나인 소매업을 그림으로 나타내보겠습니다. '교환'을 염두에 두고, 아래 문장을 그림으로 정리해봅시다.

> A 상점은 B 청과에서 과일을 구매해서 고객에게 판매합니다.

HINT

등장인물이 누구인지 그리고 무엇을 교환했는지 찾아보세요.

STEP
1 등장인물 세분화하기

문제에 등장하는 인물을 찾아 배치에 신경 써서 분류합니다.

A 상점은 **B 청과**에서 과일을 구매해서 **고객**에게 판매합니다.

세분화

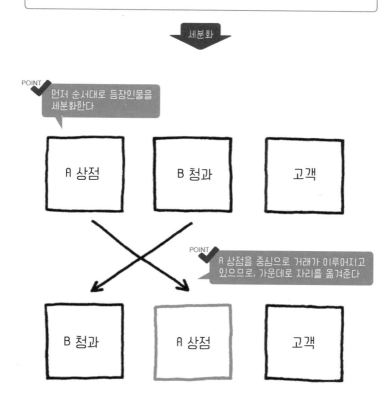

POINT 먼저 순서대로 등장인물을 세분화한다

A 상점   B 청과   고객

POINT A 상점을 중심으로 거래가 이루어지고 있으므로, 가운데로 자리를 옮겨준다

B 청과   A 상점   고객

2 교환 화살표 표시하기

이어서 이 세 등장인물 사이에 어떤 교환이 이루어지고 있는 지를 나타내기 위해 양방향으로 화살표를 그려줍니다.

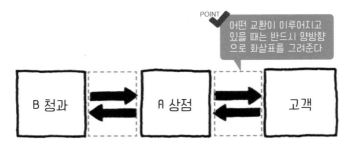

POINT

어떤 교환이 이루어지고 있을 때는 반드시 양방향 으로 화살표를 그려준다

3 교환 내용 기재하기

무엇을 교환하고 있나요? 바로 돈과 과일이죠.

B 청과는 A 상점에 과일을 판매하고, A 상점은 고객에게 그 과일을 판매하고 있습니다. 따라서 오른쪽 방향 화살표에는 '과 일'을 적어줍니다.

그러면 반대쪽 화살표에는 무엇을 적으면 될까요? A 상점과 고객은 과일의 대가로 돈을 내고 있으므로, 반대쪽 화살표에는 '돈'을 적어줍니다.

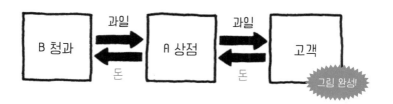

그림이 완성되었습니다. 이 그림에서는 A 상점을 중심으로 두 종류의 교환이 이루어지고 있음을 알 수 있습니다.

물건과 돈의 흐름에 주목!

앞서 완성된 그림은 소매업의 일반적인 비즈니스 흐름으로, 아래 그림처럼 바꿔볼 수도 있습니다. 소매업은 제조사에서 상품을 구매해 그것을 구매 가격보다 더 비싼 가격으로 고객에게 판매하여 이익을 남깁니다.

모든 비즈니스의 기본 요소이자 여러분이 이미 매일 경험하고 있는 물건과 돈의 흐름을 사각형과 화살표로 정리해보세요. 그림 생각법을 훈련하기에 좋은 소재가 될 것입니다.

LESSON 02 사용자가 구글에 제공하는 대가는?

비즈니스 연습문제

전 세계에서 가장 많이 사용하는 검색엔진 구글은 어떤 형태로 비즈니스가 이루어질까요? 아래 문장을 그림으로 정리해봅시다.

> 사용자는 무료로 구글의 검색 서비스를 이용합니다. 그 대신, 검색 결과에 광고가 딸려옵니다.

소매업보다 내용이 조금 복잡해졌죠? 하지만 생각해야 할 요소는 앞의 문제와 동일합니다. 등장인물을 세분화하고, 교환 내용을 이어주기만 하면 됩니다. 구글을 거의 매일 사용하면서도 구글이라는 조직이 어떻게 굴러가는지에는 별 관심이 없었을 것입니다. 이번 기회에 자세히 한번 살펴봅시다.

 HINT

빠뜨린 정보는 없는지 확인해보세요.

STEP
① 등장인물 세분화하기

문제에 등장하는 인물을 찾아서 세분화합니다.

> **사용자**는 무료로 **구글**의 검색 서비스를 이용합니다. 그 대신, 검색 결과에 광고가 딸려옵니다

문장에서는 얼핏 사용자와 구글만 눈에 띕니다. 하지만 이것이 끝이 아닙니다. 광고를 집행하는 광고주가 존재합니다. 그 부분을 채워 넣어야 하죠. 광고주와 사용자 사이에는 직접적인 거래가 없고 그 둘 사이에서 구글이 중개역할을 하므로, 교환의 중심에 구글을 두면 됩니다.

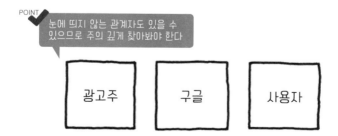

2 교환 화살표 표시하기

이어서 이 세 등장인물 사이에 양방향 화살표를 그려 넣습니다.

3 교환 내용 기재하기

우선 구글과 광고주의 관계를 생각해봅시다.

구글은 광고주에게 최적의 광고 위치와 시간대를 제공하고 그 대가로 광고료를 받습니다. 따라서 이 두 대상 사이의 관계는 아래 그림처럼 표현할 수 있습니다.

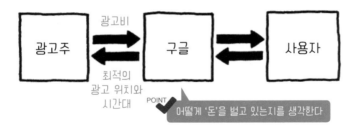

다음으로 생각해볼 것은 구글과 사용자의 관계입니다.

구글은 사용자에게 검색 서비스를 '무료'로 제공하고 있습니다. 그러니 이들 사이에 돈이 오갈 일은 없겠죠.

그러면 사용자는 구글에 어떤 대가를 치르고 있을까요? 사용자는 구글에게 자신이 검색한 열람 데이터를 제공합니다. 이 데이터는 광고의 위치와 시간대를 최적화하는 데 활용되고 광고주는 이에 대한 가치를 구글에 돈으로 지불합니다. 그러니 구글은 사용자에게 무료로 검색 서비스를 제공하더라도 금전적 손해를 보지 않는 것입니다.

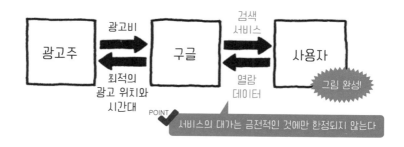

이것이 바로 구글의 수익 구조

구글은 사용자의 검색이력 데이터를 바탕으로 관심과 취미, 기호를 파악하고, 그 대상에게 가장 잘 먹힐 만한 광고 위치와 시간대를 분석합니다. 이것을 광고주에게 판매하고 있는 것이죠.

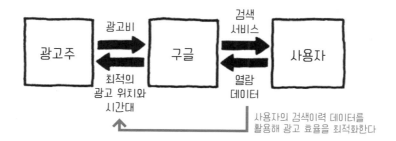

'교환도'를 사용해보자

이해의 과정

STEP **1**
등장인물
세분화하기

STEP **2**
교환 화살표
표시하기

STEP **3**
교환 내용
기재하기

생각 포인트

- 교환의 중심에 누가 있는지 파악한다.
- 눈에 띄지 않는 대상은 없는지 확인한다.
- 교환의 대가는 꼭 돈에만 한정되지 않는다.

실수하지 않으려면

화살표는 양방향으로 그린다.

직접 해봅시다!

주변에서 볼 수 있는 비즈니스 관계를 그림으로 생각해봅시다.

☑ 자신이 다니는 회사의 비즈니스 상황을 그려본다면?

☑ 현재 잘나가는 회사의 비즈니스 상황을 그려본다면?

☑ 자주 사용하는 서비스의 비즈니스 상황을 그려본다면?

☑ 이익률이 높은 회사의 비즈니스 상황을 그려본다면?

☑ 망한 회사의 비즈니스 상황을 그려본다면?

화살표를 일부러 생략해보기

　지금까지 2회의 강의에 걸쳐 일상의 거래 관계를 그림으로 정리하는 방법을 알아봤습니다. 강의에서는 '화살표를 양방향으로 그릴 것'을 강조했지만, 여기에서는 일부러 화살표를 생략하는 경우에 관해 이야기하고자 합니다.

　예를 들어 앞의 구글 사례에서는 비즈니스 상황을 파악하기 위해 양방향 화살표를 사용했습니다. 그런데 '데이터의 흐름'을 중심으로 생각해야 할 때도 있겠죠. 이럴 때는 아래 그림처럼 한 방향 화살표로 그려야 더 심플해집니다.

'데이터의 흐름'을 중심으로 그린 그림

　관계도에서는 기본적으로 양방향 화살표를 사용하지만, 특정 사항이나 관계를 좀 더 또렷이 파악하기 위해 의도적으로 한쪽 방향 화살표를 사용하기도 합니다.

　예를 하나 들어보죠. 다음 그림을 봅시다. A사와 B사의 기술 제휴가 양방향 화살표로 그려져 있죠.

그러나 상황에 따라서는 세세한 정보까지 기재하지 않아도 될 때가 있습니다. A사와 B사 중에서 어느 곳이 기술을 제공하고 있는지 알아보고자 할 때는 한쪽 방향 화살표가 더 유용합니다. 아래 그림처럼 말입니다.

두 기업의 거래 관계나 기술의 흐름에 초점을 맞추는 것이 아니라, 두 기업 사이의 단순한 관계만 알아보고자 할 때는 아예 화살표를 지우고 선으로만 표시할 수도 있습니다.

교환 내용을 충분히 숙지하고 있다면, 위 그림처럼 생략하여 표현할 수도 있습니다. '교환도'에 관해 추가로 위의 내용을 기억해두면 좀 더 편리하고 다양하게 활용할 수 있습니다.

그림이 잘 그려지지 않는다면?

'그림으로 정리하고 싶은 주제가 있는데, 어디부터 손을 대야 할지 모르겠다.'
'시간은 없는데 상황이 너무 복잡해서 그림을 그릴 엄두가 나질 않는다.'

그림으로 생각을 정리하다 보면 이런 고민에 빠지기도 합니다. 하나는 정보가 너무 부족해서 전체적인 상황을 파악하기 힘든 경우고, 다른 하나는 주어진 정보가 너무 많아서 어떻게 정리해야 할지 모를 때입니다.

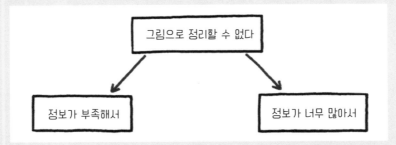

정보가 부족할 때는 부족한 정보부터 수집해나가면 됩니다.

그러면 주어진 정보가 너무 많을 때는 어떻게 해야 할까요? 그럴 때는 우선 그 정보들을 기계적으로 옮겨 적어봅니다.

그렇게 옮겨 적다 보면 아무것도 손대지 않았을 때보다 일이 진척되는 듯한 기분이 들고 마음에 안정이 찾아옵니다. 단지 옮겨 쓰기만 했는데도 그릴 대상을 '파악한 것 같은 느낌'을 받을 수 있죠.

제가 직접 해본 경험을 말하자면, 이 작업은 컴퓨터 등의 디지털 도구를 사용하는 것보다 손으로 직접 쓰는 아날로그 방식이 훨씬 더 효과적입니다. 일이 잘 진행되지 않을 때는 억지로 생각을 쥐어짜내려고 하지 말고, 손을 움직여보세요.

2

세세한 내용까지
빠짐없이 정리한다

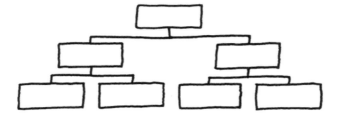

생각을 정리하는 비결 ②

'구조'를 파악한다

◎ '구조'란?

'책상과 방이 어지럽혀 있어서 어떤 물건이 어디에 있는지 도무지 알 수가 없다.'

혹시 이런 적 없나요? 너저분한 방에서 신속하게 필요한 물건만 쏙쏙 찾아내기란 쉽지 않죠. 평소 방을 잘 정리해두면 자기도 물건을 쉽게 찾을 수 있을 뿐만 아니라, 타인에게 부탁해도 필요한 물건을 금방 찾아낼 수 있습니다.

마찬가지로 정보를 정리해서 '무엇'이 '어디'에 있는지 한눈에 파악되도록 해놓으면, 누락과 모순, 문제점과 개선점까지 쉽게 찾아낼 수 있습니다. 이를 위한 좋은 방법이 바로 구조를 체계적으로 정리해 '시각화'하는 것입니다. 구조란, 인체로 비유하자면 몸 전체를 지지하는 골격과 같습니다. 이런 구조는 '수형도'를 사용하여 '시각화'할 수 있습니다.

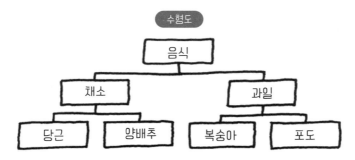

수형도의 대표적인 예로는 조직도가 있습니다. 아래 그림은 어느 회사의 영업조직 구조를 나타낸 것입니다.

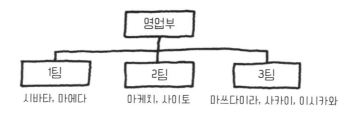

수형도는 다양한 곳에 활용할 수 있는데, 일례로 매출을 높일 방안을 고민할 때도 사용할 수 있죠. '매출＝객단가×고객 수'라는 구조만 파악한다면, 어느 한쪽 또는 양쪽 모두에 판촉활동이 필요하다는 것을 알 수 있습니다.

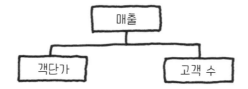

'객단가'를 높이고자 한다면 세트 판매 등이 효과적일 테고, '고객 수' 상승만 고려한다면 할인이 효과적이겠죠. 단, 그런 조치로 인해 다른 한쪽이 하락할 가능성이 있으므로 주의를 기울여야 합니다. 어쨌든 구조를 '시각화'해놓으면 '무엇'을 어떻게 해야 할지 쉽게 파악할 수 있습니다. 이제 연습문제와 비즈니스 연습문제를 통해 구조를 체계화하는 방법을 알아보도록 합시다.

LESSON 03 컴퓨터 바탕화면 가지런히 정리하기

연습문제

컴퓨터 바탕화면에 파일들이 마구 뒤섞여 있습니다. 이 파일들을 정리해봅시다.

A회사용 제안서 / B회사용 제안서 / 제안서 참고① / 회사 안내 / 경쟁사 분석 자료 / 제안서 참고② / 견적서 서식 / A회사 견적서 / A회사 청구서 / 청구서 서식 / 경비 정산 서식

정신없이 바쁠 때는 컴퓨터 파일을 정리할 시간조차 나질 않습니다. 그렇다고 그대로 방치하면 어느새 직접 작성한 파일과 다운로드받은 파일들로 바탕화면이 가득 차곤 합니다. 그러다가 필요한 파일이 생기면 찾느라 애를 먹지요. 이런 상황을 떠올리며 문제를 풀어보세요.

 HINT

그룹으로 묶으면 쉽게 정리할 수 있습니다.

1 세분화하기

우선 각 항목을 세분화해줍니다. 어렵게 생각할 것 없이 그냥 사각형 안에 항목들을 적어 죽 나열해놓으면 됩니다. 세분화는 관련 항목들을 분별해 하나하나 떼어놓는 작업이므로, '전체적인 상황을 대략 파악할' 수 있고 각 항목의 위치를 잡거나 서로 비교하기 편하다는 장점이 있습니다.

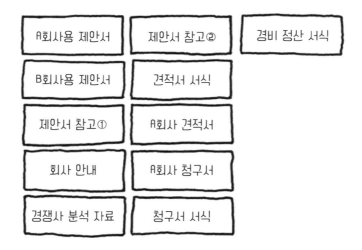

2 분류하기

서로 관련 있는 항목들끼리 모아서 그룹으로 묶어줍니다. 이 항목들은 어떻게 분류할 수 있을까요?

우선 쉽게 파악되는 것들부터 나눕니다. 이 경우는 '제안' 그룹과 '서식' 그룹으로 크게 나눌 수 있겠죠. 그리고 아래 그림처럼 해당 그룹에 포함되지 않는 항목들은 '나머지'로 분류해둡니다.

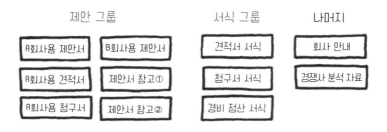

'제안 그룹'은 A회사용과 B회사용으로 다시 둘로 나누고, 둘 중 어느 쪽에도 해당하지 않는 항목은 '참고'로 분류합니다.

'회사 안내'와 '경쟁사 분석 자료'는 해당 범주에서 벗어나 있으므로, '기타'로 분류해둡니다. 다른 여러 상황을 수형도로 표현할 때도 나머지 항목들이 생겨납니다. 그런 항목들이 아주 많지 않다면 '기타' 그룹으로 묶어 분류하는 게 편리합니다.

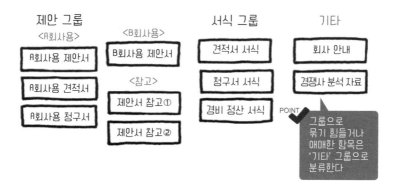

3 수형도 하나에 모두 정리하기

이제 수형도로 정리해봅시다. 모든 내용이 집약된 항목을 가장 먼저 배치합니다.

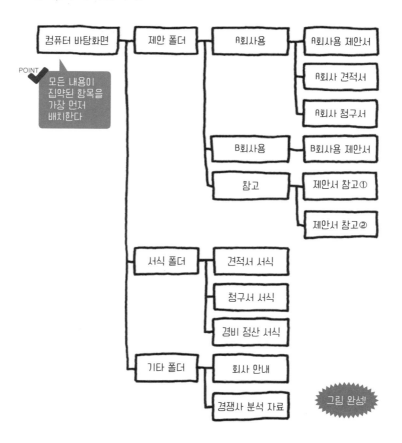

'제안', '서식', '기타'로 폴더를 분류하면, 컴퓨터 바탕화면을 깔끔히 정리할 수 있습니다.

LESSON 04 각양각색의 히트 상품 분류해보기

비즈니스 연습문제

월간 정보지 〈니케이 트렌디〉는 매년 '히트 상품 베스트 30'을 발표하는데, 2016년도 베스트 10은 다음과 같습니다. 언뜻 전혀 다른 항목들이 뒤섞여 있는 것처럼 보입니다.

> **2016년 베스트 10**
> 포켓몬GO, 너의 이름은(일본에서 크게 히트친 애니메이션-옮긴이), 아이코스(IQOS, 전자담배), 인스타그램, 메루카리(일본의 중고품거래 애플리케이션, 일본판 '중고나라'-옮긴이), 스위츠 데이즈 유산균 쇼콜라, 닛산 신형 세레나, 레노아 의류 탈취제, 쿠션 파운데이션, 그린 스무디

위 항목들을 하나의 수형도 안에 정리해봅시다. 어떤 그림이 완성될까요?

작은 그룹으로 묶은 뒤에 마지막에 합쳐보면….

1 세분화하기

우선 각 항목을 세분화합니다.

2 분류하기

서로 관련 있는 항목들끼리 모아서 그룹으로 묶어나갑니다.
어떻게 그룹을 분류할 수 있을지 곰곰이 생각해보세요.

우선 파악하기 쉬운 항목부터 분류해봅시다. '포켓몬GO', '인스타그램', '메루카리'. 언뜻 보면 서로 무관해 보이겠지만, 사실 이 항목들은 '스마트폰 애플리케이션' 그룹으로 묶을 수 있습니다.

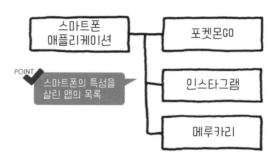

이제 7가지 항목이 남았습니다. 아래 그림을 잘 살펴보세요. 이 항목들 간에 어떤 공통점이 있을까요?

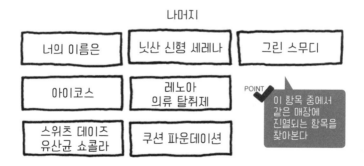

아이코스, 스위츠 데이즈 유산균 쇼콜라, 그린 스무디는 '식품 및 기호품' 그룹으로 분류할 수 있겠군요.

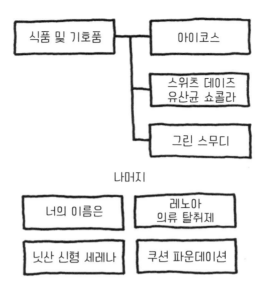

나머지

각 항목을 '애플리케이션'과 '식품 및 기호품'으로 분류하고 나니, 이제 네 항목이 남았습니다. 이들은 서로 공통점이 없으니 기타로 묶을 수 있지만, 여기서 끝내지 말고 한 번 더 분류해봅시다.

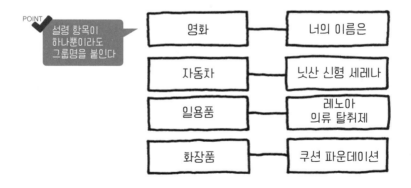

③ 수형도 하나에 모두 정리하기

아래 그림을 잘 살펴보기 바랍니다. 이렇게 작은 그룹명들까지 붙여주면, 스마트폰 애플리케이션과 영화는 '엔터테인먼트', 식품 및 기호품과 일용품, 화장품은 '생활용품' 그룹으로 크게 분류할 수 있습니다. 이제 남은 것은 '자동차'인데, 이것은 어디에도 포함되지 않으므로 '기타'로 분류해두겠습니다.

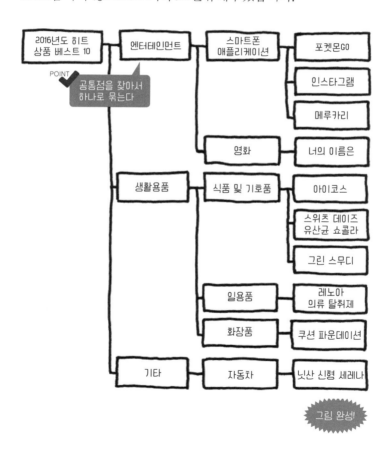

'공통점'을 찾아내는 네 가지 방법

항목을 분류하기 위해서는 공통점을 찾아내야 합니다. 공통점을 쉽게 찾을 수 있는 경우도 있지만, 그렇지 않을 때도 있죠. 그럴 때는 다음의 네 가지 사항을 확인해봅시다.

확인 사항 ① 공통 단어가 있는지 확인한다

컴퓨터 바탕화면 문제에서는 '제안서', 'A회사', '서식'이라는 공통 단어를 통해 그룹을 쉽게 분류할 수 있었습니다.

확인 사항 ② 매장을 떠올려본다

히트 상품 문제처럼 상품 및 서비스를 분류할 때는 '같은 매장에 진열된 것은 무엇인가?' 등의 관점에서 생각해보면 대체로 분류하기가 훨씬 수월해집니다.

확인 사항 ③ 기능을 확인한다

자동차와 지하철은 이동 기능이 있다는 공통점이 있습니다. 이렇게 기능적인 면에서 생각해보면, TV와 게임도 '오락'을 제공한다는 점에서 같다고 볼 수 있죠. 또 이 두 항목 모두 시간이 어떻게 흘렀는지 알 수 없을 정도로 재미있다는 공통점도 있습니다.

확인 사항 ④ 외형을 확인한다

굴착기와 코끼리는 기계와 생물로 언뜻 봤을 때는 전혀 다른 종류처럼 보이지만, 외형적인 면에서 '큰' 그룹으로 분류할 수 있습니다. 또 소방차와 사과도 일견 전혀 다른 종류처럼 보이지만, '빨갛다'라는 공통점으로 묶을 수 있죠.

'수형도'를 사용해보자

이해의 과정

STEP ①	STEP ②	STEP ③
세분화하기	분류하기	수형도 하나에 모두 정리하기

생각 포인트

- 그룹으로 묶기 어려운 항목은 '기타' 그룹으로 분류한다.
- 항목이 하나뿐이라도 그룹명을 붙이는 것이 좋다.
- 수형도로 정리할 때는 모든 것이 집약된 항목을 최상
  위에 둔다.

실수하지 않으려면

반드시 어떤 그룹에 포함시킨다.

직접 해봅시다!

그림으로 일상생활 속 소재를 분류해봅시다.

☑ 여러분의 업무를 분류한다면?

☑ 수신함에 있는 전자메일을 분류한다면?

☑ 책상 위에 있는 물건을 분류한다면?

☑ 냉장고 속 내용물을 분류한다면?

☑ 좋아하는 영화(책, 만화)를 분류한다면?

이해가 되지 않을 때는 그림으로 접근해본다

상사에게 다음과 같은 지시를 받았다고 가정해봅시다.

"X사에서 견적이 들어오면 다른 곳과 비교해본 뒤에, 마지막으로 Y과장과 상의해서 발주하게."

일단 지시사항을 메모하긴 했지만, 상사가 너무 바빠 보여서 세세한 부분까지는 확인하지 못했다고 합시다. 상사가 의도한 큰 맥락은 이해했지만, 나중에 다시 메모를 살펴보니 뭔가 애매하고 불명확하다는 느낌이 듭니다.

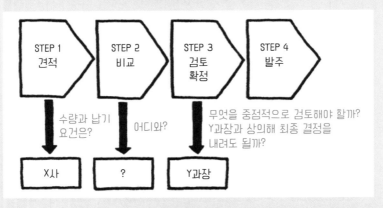

그래서 그림으로 그려보았더니, 그림에 '물음표'로 표시할 수밖에 없는 부분이 몇 군데 있습니다. 이 부분이 바로 애매한 지점입니다. 이제 그림을 상사에게 보여주고 '물음표'에 대한 답을 들어봅시다. 이렇게 하면 어떤 부분이 불분명한지 한눈에 알 수 있으며, 질문을 받은 사람도 빈칸을 채우듯 손쉽게 답해줄 수 있습니다.

'물음표'가 표기된 그림을 상사나 타인에게 보여준다는 것이 좀 꺼림칙할 수도 있지만, 실수나 사고를 치기 전에 확실히 하고 넘어가는 게 더 개운하지 않을까요? 또 가뜩이나 바쁜 상사에게 무턱대고 달려가 지시사항 전반을 다시 확인하는 것보다는 더 나은 방법일 것입니다.

3

'이유'를
밝혀낸다

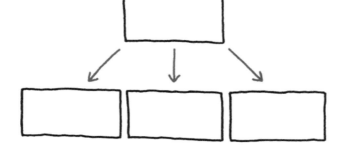

생각을 정리하는 비결 ③

'요인'을 파악한다

◎ '요인'이란?

'매출을 올리기 위해서는 어떻게 해야 할까?'

'저 팀은 왜 강할까?'

성공과 실패의 요인은 한 가지가 아니라, 여러 사항이 얽혀 있는 경우가 많습니다. 아래 그림은 '최근 급성장하고 있는 A회사가 잘나가는 비결'을 정리한 그림입니다.

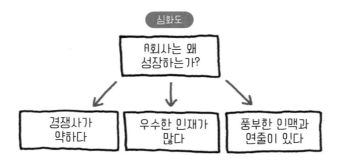

'요인'과 비슷한 단어로는 '원인'이 있습니다. 어떤 일이 일어난 이유가 한 가지일 때는 흔히 '원인'이라고 말하지만, 여기에서는 다양한 이유를 찾아낼 예정이므로, '요인'이라는 단어를 쓰기로 하죠.

'심화도'는 어떤 요인을 파악하고자 할 때 사용할 수 있습니다. 요인을 제대로 분석할 수만 있다면, 여러 대처법을 생각해낼 수 있습니다. 다음 그림을 봅시다. '우수한 인재가 많다' 또는 '풍부한 인맥과 연줄이 있다'는 요인은 다른 회사들도 조직관리 전략과 경영방침을 통해 확보 가능한 부분이므로, A회사만의 특권이라고 볼 수는 없습니다.

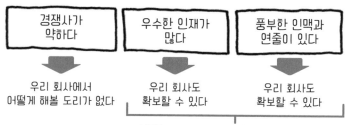

이어서 '우수한 인재가 많다'와 '풍부한 인맥과 연줄이 있다' 중에서 하나를 선택해 A회사의 강점을 더 깊게 파헤쳐봅니다. 그러면 인재 채용, 인재 육성, 기업이미지 쇄신, 인맥 쌓기 등 세부적인 여러 사항에서 문제점과 개선점을 확인해볼 수 있습니다.

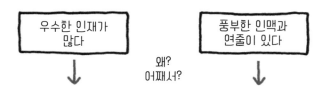

이어지는 연습문제와 비즈니스 연습문제에서 여러 각도로 생각해보는 훈련을 해봅시다.

LESSON 05 야근이 계속되는 이유는?

연습문제

　'업무 방식 개혁'이 화제가 되는 요즘, 야근 문제가 심심치 않게 대두되고 있습니다. 야근 문제는 회사나 관리자가 고민해야 할 부분이라고 생각할 수도 있겠지만, 일하는 사람이라면 누구나 생각해보아야 할 사안입니다. 스스로 해결할 수 있는 부분이 있을 수도 있기 때문입니다. '어떻게 하면 야근을 없앨 수 있는지'를 알아보기 위해서는 '왜 야근이 발생하는지'부터 파악해야 합니다. 아래 문장을 토대로 '야근이 왜 계속되는지' 파헤쳐봅시다.

> 야근이 발생하는 이유는 크게 두 가지로 나눌 수 있습니다. 하나는 '어떤 사정으로 인해 퇴근하고 싶어도 퇴근할 수 없는 상황', 또 다른 하나는 '사실 퇴근은 할 수 있지만, 퇴근하지 않는 상황'입니다.

HINT

'왜?' '어째서?'라는 질문을 반복적으로 던지며 문제를 심도 있게 파헤쳐봅시다.

STEP
 요인 따져보기

우선 '어떤 사정으로 인해 퇴근하고 싶어도 퇴근할 수 없는 상황'에 관해 생각해봅시다. 대개 '상사나 동료의 눈치가 보여서 퇴근할 수 없는 분위기'이거나 '일을 다 끝내지 못했을 때' 또는 '거래처와의 협의나 계약 문제로 대기하고 있어야 하는 때' 등의 상황이 있을 수 있죠.

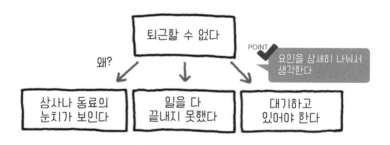

그러면 이어서 '사실 퇴근은 할 수 있지만, 퇴근하지 않는 상황'에 관해서도 생각해볼까요? 생각나는 대로 한번 적어봅시다.

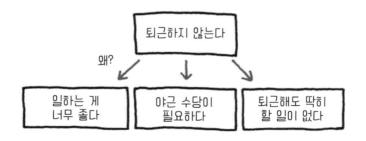

② Q&A 반복하기

　퇴근하고 싶어도 퇴근할 수 없는 요인으로는 세 가지가 있었습니다. 그중에서 '일을 다 끝내지 못했다'라는 부분은 조금 더 자세히 파헤쳐볼 수 있을 것 같군요.

　일이 왜 끝나지 않는 걸까요? 크게 두 가지 이유를 생각해볼 수 있겠습니다. 하나는 '업무시간 대비 업무량이 많기 때문'이고, 또 다른 하나는 '업무량은 적당하지만, 업무효율이 낮아서 일을 끝내지 못했기 때문'입니다.

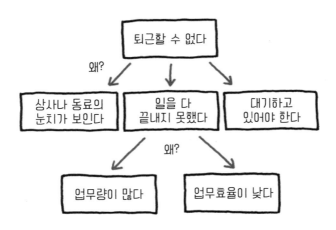

　퇴근은 할 수 있지만 퇴근하지 않는 이유에 관해서도 파헤쳐보도록 하겠습니다. 다음 그림을 봅시다. 세 항목 중에서 '야근수당이 필요하다'는 부분은 '애초에 월급이 적다'거나, 월급은 충분하지만 '돈이 더 필요하다'라는 두 가지 이유를 꼽을 수 있겠죠.

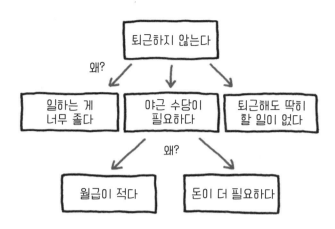

3 심화도 하나에 모두 정리하기

　전체를 하나로 통합해, 조금 더 깊게 생각해볼 수 있는 부분
은 없는지 다시 한 번 검토해봅시다.

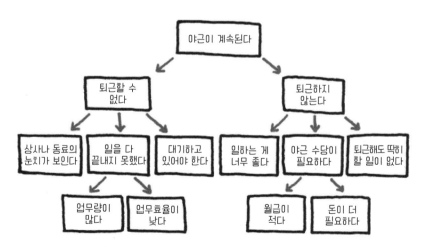

정리한 그림을 살펴보면, 야근의 요인 중에 '직장의 문제'와 '개인의 문제'가 뒤섞여 있다는 것을 알 수 있습니다.

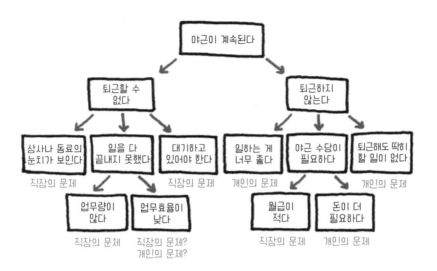

이 중에서 '업무효율이 낮다'는 항목은 '직장의 문제'인지 '개인의 문제'인지 불분명하므로, 한 번 더 들어가 생각해봅시다.

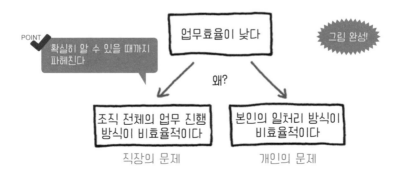

다음 단계로 넘어갈 수 없을 때까지 최대한 집요하게 나눈다

심화도는 아래 그림처럼 더는 다음 단계로 넘어갈 수 없을 때까지 반드시 여러 항목으로 나눠야 합니다.

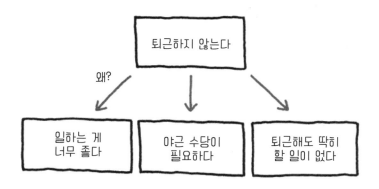

그러나 아래 그림처럼 더는 여러 항목으로 쪼개지지 않을 때는 쓸데없는 정보를 줄이는 차원에서 깔끔하게 하나로 합쳐 정리합니다.

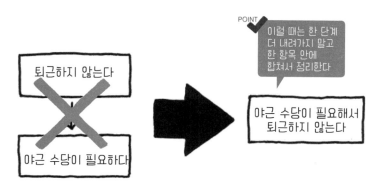

LESSON 06 유니버설 스튜디오 재팬이 재기에 성공한 요인은?

비즈니스 연습문제

한때는 고객 유치에 난항을 거듭하며 경영 악화를 겪었던 유니버설 스튜디오 재팬USJ. 과연 무엇이 문제였을까요? 아래 정보를 토대로 그림을 그려 그 요인을 파헤쳐봅시다.

> USJ가 실적 부진을 겪던 시절의 이야기입니다. 실적 부진에는 몇 가지 요인이 있었습니다. USJ는 영화 마니아를 염두에 둔 테마파크였기 때문에 타깃이 한정되어 있었고, USJ가 위치한 관서지역은 관동지역보다 시장 규모가 작았죠. 이로 인해 고객 유치에 고전을 겪는 가운데 티켓 가격도 문제였습니다. 도쿄 디즈니랜드가 일본 테마파크의 가격 기준이 되면서, 거기에 티켓 가격을 맞추다 보니 세계 표준가격 대비 가격이 너무 저렴했던 것입니다. 그렇다고 입장료를 인상하자니 그나마 있던 고객의 발길마저 뚝 끊길 우려가 제기되었죠.
>
> 참고 문헌: 《USJ를 극적으로 변화시킨 단 하나의 사고방식》
> (모리오카 쓰요시/KADOKAWA)

 HINT

문제의 요인을 명확히 밝혀내서 대처법을 찾아봅시다.

STEP
 1 요인 따져보기

우선 실적 부진의 가장 큰 요인은 무엇인지 파헤쳐봅시다.

> USJ가 실적 부진을 겪던 시절의 이야기입니다. 실적 부진에는 몇
> 가지 요인이 있었습니다. USJ는 영화 마니아를 염두에 둔 테마파
> 크였기 때문에 타깃이 한정되어 있었고, USJ가 위치한 관서지역
> 은 관동지역보다 시장 규모가 작았죠. 이로 인해 **고객 유치에 고
> 전**을 겪는 가운데 **티켓 가격도 문제**였습니다. 도쿄 디즈니랜드
> 가 일본 테마파크의 가격 기준이 되면서, 거기에 티켓 가격을 맞
> 추다 보니 **세계 표준 대비 가격이 너무 저렴**했던 것입니다. 그렇
> 다고 입장료를 인상하자니 그나마 있던 고객의 발길마저 뚝 끊길
> 우려가 제기되었죠.

문장을 살펴보면, 요인은 크게 두 가지로 나눌 수 있습니다.
하나는 '고객 유치에 고전을 겪는다'는 것, 또 하나는 '세계 표준
보다 가격이 저렴하다'는 것이죠.

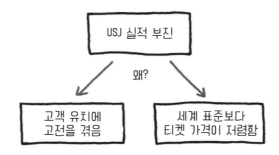

② Q&A 반복하기

이번에는 각 사항을 자세히 살펴보도록 하겠습니다. 주어진 문제 속에서, USJ가 '고객 유치에 고전을 겪는' 이유는 애초에 영화 마니아를 염두에 둔 탓에 타깃이 한정되었고, USJ가 위치한 관서지방이 관동지방보다 시장이 작기 때문이라는 것을 알 수 있습니다.

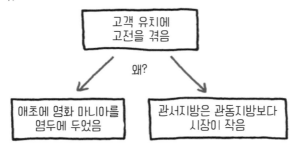

그리고 '세계 표준보다 티켓 가격이 저렴하다'는 부분에 대해서는 도쿄 디즈니랜드가 가격의 기준이 되었다는 점과 가격 인상 시 고객의 발길이 뚝 끊길 우려가 있다는 점, 이렇게 두 가지 요인을 꼽을 수 있습니다.

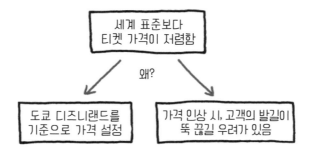

③ 심화도 하나에 모두 정리하기

전체를 하나로 통합하여 대책을 강구해봅시다.

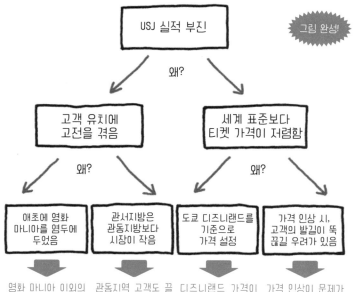

요인을 파악했다면, 대책을 세워야지요. USJ는 실제로 영화 마니아뿐만 아니라 광범위한 고객을 끌어모으기 위해 〈원피스〉 등의 인기 만화와 협업을 진행했습니다. 그렇게 고객 만족도가 높아지자 입장료도 성공적으로 인상할 수 있었고, 수입이 늘자 새로운 서비스에도 투자할 수 있게 되었습니다. 요인을 제대로 파악한 덕분에 이런 선순환을 이뤄낼 수 있었던 것이죠.

'심화도'를 사용해보자

이해의 과정

STEP 1

요인 따져보기

STEP 2

Q&A 반복하기

STEP 3

심화도 하나에
모두 정리하기

생각 포인트

- 상세히 나눠서 생각한다.
- '항목을 더 파헤칠 수 없을 때'까지 최대한 쪼갠다.

실수하지 않으려면

다음 단계로 넘어갈 때는 반드시 여러 항목으로 나눈다.

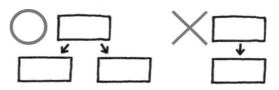

직접 해봅시다!

주변에서 흔히 볼 수 있는 문제점들을 그림으로 생각해봅시다.

- ☑ 매출이 늘지 않는 이유는 무엇인가?
- ☑ 저 가게에 또 가고 싶은 이유는 무엇인가?
- ☑ 상사는 왜 항상 나를 재촉하는가?
- ☑ 시합에서 매번 지는 이유는 무엇인가?
- ☑ 이상형인 그녀와 왜 사귀지 못하고 있을까?

그림으로 생각의 크기를 키워보자

눈앞에 그림이 있으면, '여러 항목을 여기저기로' 옮기고 싶어집니다.

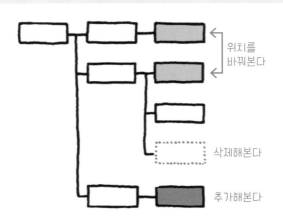

그려놓은 항목들을 교환, 추가, 삭제하면서 생각의 크기를 키워봅시다. 흔히 이야기하듯, '새로운 아이디어는 기존 아이디어의 조합에서 생겨나는 법'이니까요. 그림은 요소의 조합을 시험하기에 가장 적합한 도구입니다. 그러니 그림으로 생각의 크기를 키워봅시다.

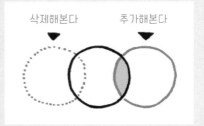

논리적인 방식으로만 아이디어를 떠올리려고 하면, 재미도 없고 생각의 크기도 작아질 수밖에 없습니다. 그림이라는 시각적 요소를 적극 활용해봅시다.

4

여러 항목을 '비교'한다

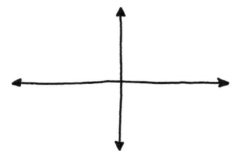

'차이'를 파악한다

◎ '차이'란?

비슷한 상품과 서비스가 넘쳐나는 세상에서 눈에 띄기 위해서는 '차별화'가 필요합니다. 식당의 경우라면 맛, 가격, 종업원의 태도, 매장의 크기 및 청결도 등 몇 가지 측면에서 차별화를 꾀할 수 있을 테지요.

관련된 모든 항목을 기준 삼아 종합적으로 비교해보는 것도 좋지만, 그러면 장단점이 난무해서 우열을 가리기 힘들어집니다. 특별히 중요한 사항만 추려서 비교해야 '차이'가 확실해지지요.

'차이'란, '각 비교 대상이 놓인 위치'를 의미합니다. 차이를 확실히 알 수만 있다면, 객관적으로 비교하거나 검토할 수 있습니다.

회사에서 상품과 서비스를 기획할 때를 떠올려보세요. 경쟁사와의 차이점을 분명하게 파악하고 있어야 제대로 된 기획을 내놓을 수 있습니다. 이때 사용할 수 있는 것이 바로 '비교도'입니다.

다음 그림은 '가로축=기능성', '세로축=심미성(디자인)'으로 구성되어 있습니다. 여기에 경쟁 상품을 적용해보면 '자사가 무엇을 목표로 해야 하는지' 분명히 알 수 있습니다. 이렇게 교차하는 두 축을 이용하면 각종 상황을 비교할 수 있습니다.

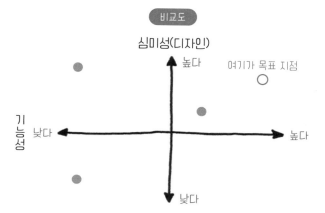

다음 그림은 어느 의류 브랜드의 비교도가 설정한 세로축과 가로축입니다. 이 그림에서 흥미로운 점은 수치화할 수 있는 항목과 그럴 수 없는 항목을 조합해 비교할 수 있다는 점입니다.

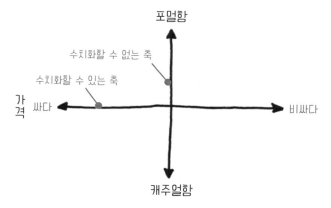

이어서 연습문제와 비즈니스 연습문제에서 '수치화할 수 있는 축×수치화할 수 없는 축', '수치화할 수 없는 축×수치화할 수 없는 축'을 적용한 '비교도'의 활용 방법을 설명하겠습니다.

LESSON 07 노트북 구매하기

이번 강의의 주제는 '여러 사항을 비교하는 것'입니다. 아래 문장을 그림으로 정리해보세요.

노트북을 새로 하나 마련할 계획입니다. 밖에서 작업할 때가 많아서 무게와 배터리가 제일 신경 쓰입니다. 무게는 무조건 가벼웠으면 좋겠지만, 그렇다고 성능이 떨어져선 안 됩니다. 가격은 크게 개의치 않습니다. 다음 네 기종 중에서 구매하려고 합니다.

기종	무게	배터리	성능	가격
A	○	△	○	○
B	◎	△	△	△
C	△	○	○	○
D	×	◎	◎	×

현재 염두에 두고 있는 기종이 네 가지 있으며, 비교 항목도 네 가지입니다. 이럴 때는 어떻게 비교해보면 좋을까요?

HINT

가장 중요하게 생각하는 비교 항목이 무엇인지 파악해보세요.

해설 및 해답

STEP
1 세로축 결정하기

네 가지 비교 항목 중에서 가장 중요한 것을 판단해 세로축에 둡니다. 문제에도 나와 있듯이 가격은 개의치 않으므로, '무게'와 '배터리', '성능' 중에서 선택해야겠죠.

네 가지 항목 중에서 '무게'라는 단어를 가장 먼저 언급했을 뿐만 아니라, 두 번이나 거론했으므로 무게가 가장 중요한 비교 항목이라는 것을 알 수 있습니다.

> 노트북을 새로 하나 마련할 계획입니다. 밖에서 작업할 때가 많아서 **무게**와 배터리가 제일 신경 쓰입니다. **무게**는 무조건 가벼웠으면 좋겠지만, 그렇다고 성능이 떨어져선 안 됩니다. 가격은 크게 개의치 않습니다. 다음 네 기종 중에서 구매하려고 합니다.

따라서 가장 중요하게 여기는 '무게'를 세로축으로 설정합니다(이유는 94페이지에서 설명하겠습니다). 무게 축 양쪽 끝에는 '가볍다'와 '무겁다'를 적어 넣으면 되는데, 둘 중 어떤 걸 위쪽에 놓아야 할까요? 다음 두 그림 중에서 하나를 선택하면 되겠죠?

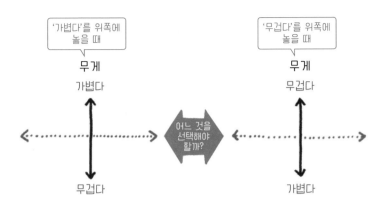

세로축에는 더 중시하거나 선호하는 것(이 문제에서는 '가볍다')을 위쪽에 놓아야 합니다. 이제 세로축이 완성되었습니다.

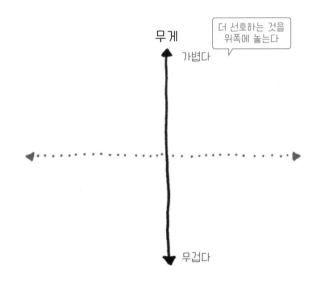

STEP
② 가로축 결정하기

　가로축은 남은 항목인 '배터리'와 '성능' 중 하나로 설정할 수 있습니다. 다음 문장에 주목해주시기 바랍니다.

> 무게는 무조건 가벼웠으면 좋겠지만, 그렇다고 성능이 떨어져선 안 됩니다.

　위 문장을 보면 '무게'와 '성능'을 두고 타협하려는 의도가 없음을 알 수 있죠. 따라서 '배터리'가 아니라 '성능'을 가로축으로 삼아야 합니다.

　세로축의 위·아래를 결정할 때 위쪽에 더 선호하는 것을 배치했죠? 가로축에서는 오른쪽에 더 선호하는 것을 놓아야 합니다.

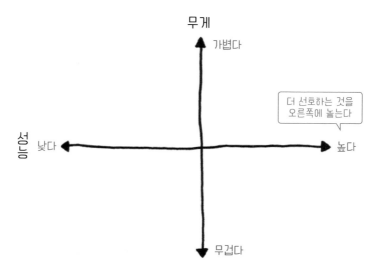

③ 비교 대상 적용하기

세로축과 가로축을 완성했다면, 이제 이 그림에 비교 대상을 적용해봅시다. 아래 그림을 보세요.

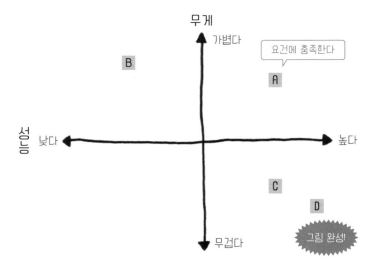

후보 기종을 그림에 적용하면 어떤 기종이 적합한지 쉽게 파악할 수 있습니다. 본래 원하던 것이 '가볍고, 성능이 좋은 기종'이므로, 그 조건에 가장 부합하는 기종은 오른쪽 상단에 있는 A입니다.

가장 중요한 비교 항목을 세로축으로 삼아야 하는 이유

STEP❶에서 가장 중시 여기는 비교 항목을 세로축으로 설정해야 한다고 말했죠? 왜 그래야 할까요?

예를 들어 가장 중요한 항목(무게)을 가로축으로 설정했다고 가정해봅시다. 그러면 아래 그림처럼 됩니다. 그림 위쪽에 'A, C, D'가 나열되었죠?

중요한 항목(무게)을 가로축으로 삼았을 때

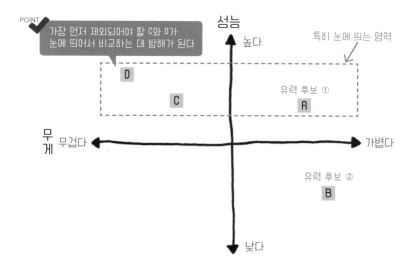

가장 중요하게 생각하는 것이 '무게'이므로 유력 후보는 A와 B 두 기종이어야 합니다. 그런데 위 그림에서는 C와 D가 상단에 노출되어 정작 중요한 비교 항목이 간과되기 쉽습니다.

반면, 가장 중시하는 항목을 세로축으로 잡고 더 선호하는 쪽을 위쪽에 두면 비교 대상을 적용했을 때 유력 후보가 그림 상단에 모이게 되므로 직관적으로 비교하기가 쉬워집니다.

LESSON 08 세계 5대 SNS의 '차이점'은 무엇일까?

비즈니스 연습문제

우리는 거래처나 서비스를 정할 때 여러 항목을 비교 검토해서 최종 의사결정을 내릴 때가 많습니다. 이번 강의에서는 일상에서 자주 접하는 SNS를 예로 들어 그 서비스를 비교하는 연습을 해보겠습니다. 다음 다섯 개의 SNS를 두 개의 축으로 비교해봅시다.

> 세계 5대 SNS인 라인, 페이스북, 트위터, 인스타그램, 링크드인을 비교해보세요.

'이용 양상', '사용자 수', '기능', '편리성' 등 여러 항목을 고려해볼 수 있겠죠? 그러면 어떤 항목을 어느 축에 배치해 비교할 수 있을까요?

◇ HINT

> 수치화할 수 있는 자료를 입수할 수 없을 때는 수치화할 수 없는 항목들로 비교해봅시다.

STEP
① 세로축 결정하기

정해진 답은 없습니다. 여러분도 생각
나는 대로 떠올려보세요. 저는 사람들이
이들 SNS를 사용하는 양상이 현저히 다 **이용 양상**
르다고 생각합니다. 비즈니스에 주로 이
용되는 것들이 있고 개인적으로 많이 이
용하는 것들로 나뉜다고 보
거든요. 그래서 '이용 양상'을
세로축으로 정하겠습니다.

STEP
② 가로축 결정하기

가로축에는 '이용 가능 폭'을 놓을까 합니다. 이들 서비스를 이
용할 수 있는 폭이 한정적인지 포괄적인지 비교해볼 참이거든요.

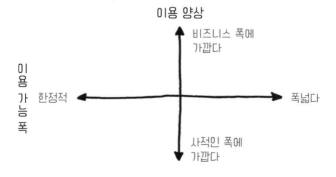

③ 비교 대상 적용하기

STEP❷에서 제 나름대로 가로축과 세로축을 설정해보았습니다. 이제 여기에 비교 대상을 적용해봅시다.

우선 이용 양상부터 생각해보겠습니다.

비즈니스에 더 많이 활용되는 것은 링크드인과 페이스북이고, 개인적으로 더 많이 사용되는 것은 트위터와 인스타그램, 라인입니다. 그 정도에 따라 이들 사이에도 위치가 달라지겠죠.

이어서 이용 가능 폭을 생각해보겠습니다.

페이스북과 라인은 기능이 다양하고 파생 서비스도 많으니 이용 가능한 폭이 넓다고 볼 수 있습니다. 한편 140자 메시지 위주인 트위터, 이미지 위주인 인스타그램, 구인구직 서비스인 링크드인은 그 폭이 한정적이라고 볼 수 있죠.

이제 이런 사항들을 그림에 적용해보겠습니다.

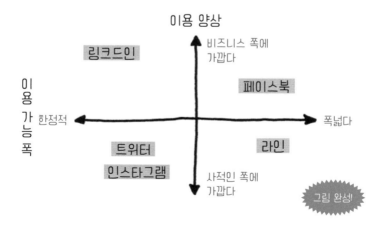

회의와 토론에 활용하면 좋다!

사용자 수처럼 수치화할 수 있는 자료를 활용해 비교도를 그릴 때는 객관적인 위치를 지정할 수 있습니다.

하지만 앞에서 봤던 해답 예시처럼 수치화할 수 없는 비교 항목은 설문조사나 취재를 통해 더 많은 근거를 확보해야겠지만, 어쨌든 비교 대상의 위치는 주관적일 수밖에 없습니다.

이 경우 동일한 비교 항목을 놓고도 사람에 따라 전혀 다른 그림이 나올 수 있으므로, '비교도'를 통해 상황을 파악할 때는 우선 나름의 논리가 명확히 서 있어야 합니다.

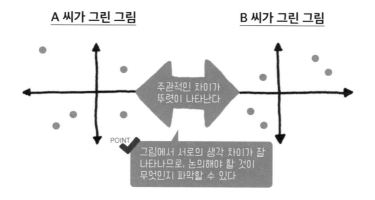

이 그림의 매력은 이처럼 서로의 생각 차이를 가시적으로 확인할 수 있다는 점입니다. 덕분에 의논해야 할 지점을 쉽게 파악할 수 있으므로 회의 때 다양한 의견을 나누고 중지를 모으는 차원에서 적극 활용해보세요.

'비교도'를 사용해보자

이해의 과정

STEP ① 세로축 결정하기

STEP ② 가로축 결정하기

STEP ③ 비교 대상 적용하기

생각 포인트

● 세로축은 더 선호하는 것을 위쪽에 배치

● 가로축은 더 선호하는 것을 오른쪽에 배치

● 수치화할 수 없는 비교 항목은 주관적일 수밖에 없으므로, 논리를 명확히 세워둔다.

가장 중요하다고 생각하는 비교 항목을
세로축으로 삼는다.

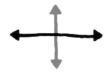

직접 해봅시다!

주변의 여러 상황을 그림으로 비교해봅시다.

☑ 신규 거래처 후보를 비교해보자면?

☑ 자사와 경쟁사의 차이점은?

☑ 성공한 프로젝트와 실패한 프로젝트의 차이점은?

☑ 자사 스테디셀러 상품의 고객층은?

☑ 신상품은 어떤 것에 역점을 두고 시장을 공략할 것인가?

그림으로 조직의 다양성을 파악할 수 있다

기업 연수에서 똑같은 소재로 그림을 그려보라고 하면 재미있는 일이 벌어집니다. '자기가 다니는 회사의 특징을 그림으로 정리하기'라는 문제를 제시했을 때 참석자들이 그렸던 그림을 보여드리죠. 서로의 그림을 비교하며 살펴보면, 아래 그림처럼 누가 비슷한 생각을 하고, 누가 다른 생각을 하는지를 확실히 알 수 있습니다.

그림에는 그 사람의 주된 사고 과정이 응축되어 나타납니다. 이른바 사고 회로 그 자체라고 볼 수 있죠.

'A씨와 B씨는 사고방식이 비슷하네.'
'C씨는 이런 식으로 생각했었구나.'
'D씨의 시선은 신선하네.'

이런 것들이 그림에 명확히 나타납니다. 생각의 차이를 알면 토론 주제가 보이고 이런 토론을 통해 서로에 대한 이해도를 높일 수 있습니다. 말만으로는 차이점을 확실히 알 수 없거나 의도치 않게 충돌할 수 있지만, 눈에 보이는 그림을 활용하면 쓸데없는 오해를 피할 수 있고 객관적으로 생각할 수 있게 되어 순조롭게 토론을 진행할 수 있습니다.

5

'흐름'을
생각한다

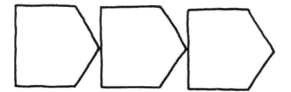

생각을 정리하는 비결 ⑤

'절차'를 파악한다

◎ '절차'란?

'좋은 아이디어가 떠올랐는데 실행에 나서지는 못했다.'

'업무 진행 과정이 엉망이라 진척 속도가 느리다.'

혹시 이런 경험은 없나요? 물론 아이디어의 실현 가능성이 떨어져 일이 제대로 진행되지 않을 수도 있지만, 그보다는 '아이디어는 좋은데 잘 실행되지 않는' 경우가 더 많지 않나요?

아무리 뛰어난 아이디어라도 실행으로 옮기지 않으면 그림의 떡입니다. '절차'란 실행할 수 있는 상태를 만드는 것을 의미합니다.

'과정도'는 절차를 명확히 해서, 아이디어를 실현하는 데 사용할 수 있습니다. 아래 그림처럼 단계별로 목표 및 목적까지의 과정을 '시각화'할 수 있죠.

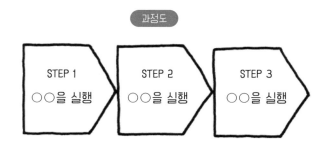

예를 들어 시스템 개발 절차는 크게 다음의 네 단계로 나눌 수 있습니다.

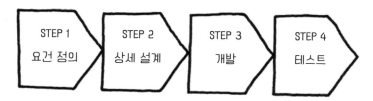

절차를 파악하면, 관계자와 흐름을 공유하여 인식한 것을 서로 맞춰볼 수 있습니다. 아래 그림처럼 문제가 되는 단계를 예측하여 사전에 대책도 마련할 수 있습니다.

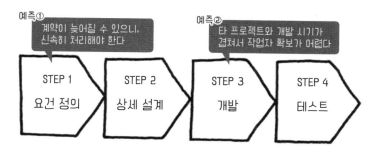

아이디어 발상 단계부터 너무 세세하게 절차를 고려하면 생각의 폭이 좁아지므로 좋지 않지만, 아이디어를 실행에 옮기는 단계에서는 반드시 절차도 함께 생각해야만 합니다. 이어서 연습문제와 비즈니스 연습문제를 통해서 절차를 그림으로 정리하는 방법을 배워봅시다.

LESSON 09 업무 추진 과정을 그려본다면?

연습문제

비즈니스는 대체로 제안에서부터 시작됩니다. 여러분은 어떤 절차를 통해 제안서를 작성하고 있나요?

아래 문장은 제안서 작성 과정을 정리한 것입니다. 제안서가 완성되기까지 일련의 과정을 그림으로 나타내봅시다.

> 우리는 먼저 고객사 직원분들께 설문조사를 진행했습니다. 이를 통해 고객의 불편사항을 파악했으며, 그것을 바탕으로 사내 멤버를 모아 해결책을 모색하고 몇 가지 방안을 도출해냈습니다. 그 해결책들로는 쉽게 인정받을 수 있는 것, 인정받기 힘든 것, 실현성이 높은 것과 낮은 것 등이 있었는데, 그중 세 가지 안건을 골라서 제안하기로 했습니다. 또 각각의 비용과 스케줄도 대략 책정해놓기로 했습니다.

 HINT

행동을 하나씩 분해하여 살펴봅시다.

STEP
1 몇 단계가 있는지 생각하기

문장 안에 몇 단계가 있는지 확인하여 제안서가 완성되기까지의 과정을 생각해봅시다.

POINT
자신이 평소에 하는 일을
떠올려본다.

우리는 먼저 고객사 직원분들께 ①**설문조사**를 진행했습니다. 이를 통해 고객의 ②**불편사항을 파악**했으며, 그것을 바탕으로 사내 멤버를 모아 ③**해결책을 모색하고 몇 가지 방안을 도출**해냈습니다. 그 해결책들로는 쉽게 인정받을 수 있는 것, 인정받기 힘든 것, 실현성이 높은 것과 낮은 것 등이 있었는데, 그중 ④**세 가지 안건을 골라서 제안**하기로 했습니다. 또 각각의 ⑤**비용과 스케줄도 대략 책정**해놓기로 했습니다.

POINT
총 다섯 단계 발견!

❷ 단계를 만들어 그 안에 내용 기재하기

문장 안에 다섯 단계가 있다는 것을 파악했으니, 아래와 같이 다섯 개의 화살표 모양 상자가 필요하겠죠.

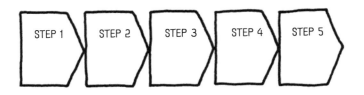

아래 그림처럼 문제에서 확인했던 사항을 각 단계에 적어 넣습니다. 일단은 문제에서 사용한 표현을 그대로 옮겨 적습니다. '문장의 일부라 그대로 옮기면 무슨 뜻인지 쉽게 알 수 없거나, 어떤 문장은 너무 길다'고 느껴질 수 있겠지만, 우선 해당 표현을 그대로 따와서 기재해보겠습니다.

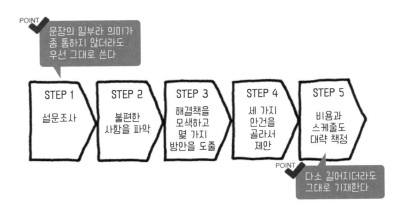

3 표현 가다듬기

각 단계의 표현을 가다듬어봅시다. 아래 그림처럼 '가능한 한 간략하게, 의미가 통할 수 있도록' 그림을 마무리합니다.

단계가 많을 때는 어떻게 할까?

이 문제 안에는 다섯 단계가 있었지만, 단계는 더 늘어날 수도 있습니다. 그럴 때는 아래 그림처럼 사각형과 화살표를 이용해 세로쓰기로 내용을 적는 것도 효과적입니다. 이렇게 하면 목적과 목표까지의 '절차'를 일목요연하게 정리할 수 있습니다.

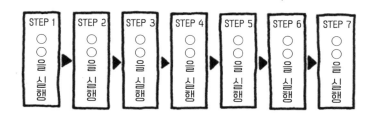

LESSON 10 유니클로는 왜 강한가?

비즈니스 연습문제

'제조 소매업'으로 성공한 유니클로. 일본에서의 성공을 발판 삼아 미국, 중국, 한국, 프랑스 등 전 세계에 진출했고, 그 기세는 사그라질 줄 모릅니다. 이런 유니클로의 생산 과정에는 몇 가지 특징이 있습니다. 아래 문장을 토대로 그 과정을 그림으로 정리해보세요.

> 유니클로는 '제조 소매업'을 표방하며 일반적인 소매업과는 달리 운영됩니다. 상품 기획이 나오면 소재 제조사와 기획을 공유하고 협력하여 소재를 개발하고, 생산단계에서도 제조업체와 협력해 제품을 생산합니다. 이후 매장 판매와 온라인 판매는 물론 A/S도 책임지고 있습니다.

※ 이 책의 집필 시점에 유니클로는 '제조 소매업'에서 더 나아가 '정보 제조 소매업'으로 진화하려는 단계에 있었는데, 당시에는 아직 결과가 나오지 않아서 이 책에서는 기존의 '제조 소매업'으로 다뤘습니다.

 HINT

'과정도'로만 표현할 수 없는 부분은 다른 그림과 조합하여 생각합니다.

STEP

① 몇 단계가 있는지 생각하기

'제조 소매업'이라는 말에서 우리는 직감적으로 '제조업'과 '소매업'이 합쳐진 형태라는 것을 알 수 있습니다.

그러나 그것만으로는 유니클로의 강점을 파악하기 힘들죠. 그래서 이 업체의 전반적인 업무 흐름에 주목해보고자 합니다. 이 업체가 돌아가는 모양새를 살펴보면, 몇 가지 공정이 이어져 있음을 알 수 있습니다.

문제를 잘 읽고, 어떤 단계에서 어떤 일이 진행되고 있는지 파악해봅시다.

POINT

'제조 소매업'이라는 표현 때문에 '제조'와 '소매', 이렇게 두 단계로 나눌 것 같지만, 현혹되지 말아야 한다

유니클로는 '제조 소매업'을 표방하며 일반적인 소매업과 달리 운영됩니다. ①**상품 기획**이 나오면 ②**소재 제조사와 기획을 공유하고 협력하여 소재를 개발**하며 생산단계에서도 ③**제조업체와 협력해 제품을 생산**합니다. 이후 ④**매장 판매와 온라인 판매**는 물론 ⑤**A/S**도 책임지고 있습니다.

POINT

'기획', '개발'의 개념과 차이를 알고 있다면, 올바르게 과정을 구분할 수 있다

② 단계를 만들어 그 안에 내용 기재하기

문장을 통해 다섯 단계가 있다는 것을 확인했습니다. 그리고 아래와 같은 화살표 모양의 상자를 준비해 문장을 넣어봤습니다.

③ 표현 가다듬기

이제 각 단계의 표현을 간결하게 가다듬습니다. 그런데 'STEP 2의 신소재 개발'과 'STEP 3 생산' 과정에는 유니클로 이외의 회사가 개입됩니다. 이때는 그런 관계자(각 제조사)를 넣을 수 있는 사각형을 해당 단계 아래에 추가로 그려줍니다.

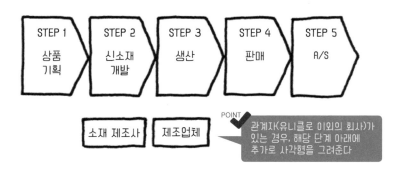

이제 유니클로와 소재 제조사, 그리고 제조업체와의 관계를 생각해봅시다. 각각 '교환도'로 나타내면, 아래 그림과 같습니다.

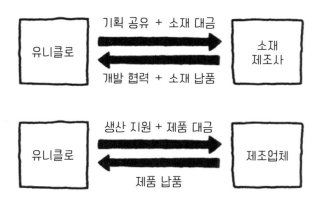

양측의 관계가 파악되었으니, 이제 이 '과정도'와 '교환도'를 합쳐주기만 하면 그림이 완성됩니다.

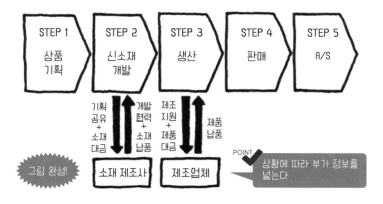

아래 그림처럼 주요 흐름과 부가 정보가 한 그림 안에 정리되었습니다.

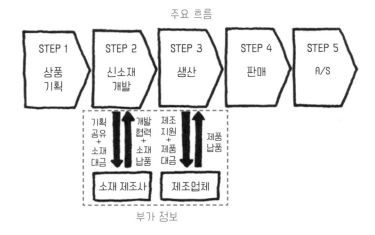

유니클로는 소재 제조사와의 신소재 개발을 통해 소재 단계부터 고객의 요구를 반영하고, 제조업체와의 협업으로 고품질 상품을 안정적으로 확보하고 있습니다. 이렇듯 유니클로가 지닌 강점의 비결은 소재 제조사 그리고 제조업체와의 협력에 있죠.

주요 흐름과 부가 정보를 나눠서 그림으로 그려보면, 이런 특징을 쉽게 파악할 수 있습니다. '과정도'를 그리는 과정에서 실수하지 않는 비결은 이 예제처럼 주요 흐름과 부가 정보를 나누는 것입니다. 주요 흐름은 한 방향으로 진행되도록 하며, 세세한 정보는 부가 정보로 처리하면 됩니다.

우선, 주요 흐름을 생각한다

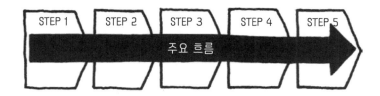

유니클로에 관한 문제에서는 부가 정보 안에 회사의 강점을 파악할 수 있는 중요한 내용이 숨겨져 있었습니다. 그러나 '과정도'에서 가장 먼저 해야 할 일은 전체 흐름을 이해하는 것입니다. 그런 뒤에 주요 흐름에 덧붙일 특이사항(관계자와의 협력 등)이 있다면 무리해서 과정도 안에 넣지 말고 부가 정보로 취급하세요.

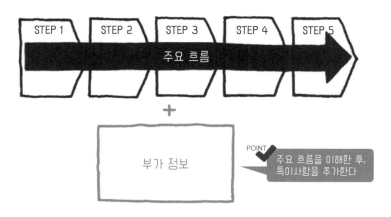

'과정도'를 사용해보자

이해의 과정

STEP 1

몇 단계가
있는지 생각하기

STEP 2

단계를 만들어
그 안에
내용 기재하기

STEP 3

표현
가다듬기

생각 포인트

● 처음에는 해당 단계에 들어갈 표현을 대강 적는다.

● 설명은 단계마다 최대 세 줄 이내로 정리한다.

● 추가하고 싶은 내용은 주요 흐름과 구별하여 배치한다.

실수하지 않으려면

주요 흐름이 한쪽으로만 흐를 수 있도록 그린다.

직접 해봅시다!

주변에서 볼 수 있는 여러 절차를 그림으로 생각해봅시다.

- ☑ 일상적인 업무 절차를 그려본다면?
- ☑ 계약 체결까지의 절차를 그려본다면?
- ☑ 제품이 유통될 때까지의 절차를 그려본다면?
- ☑ 송년회를 준비하는 절차를 그려본다면?
- ☑ 해외여행 계획을 그려본다면?

두 가지 편리한 방법

'과정도'는 주요 흐름을 정리하고 필요에 따라 부가 정보를 넣는 그림이었죠. 추가로 다음 내용도 함께 기억해두세요.

(1) 단계를 넘나드는 화살표를 그린다

단계를 넘나드는 화살표를 이용하는 방법이 있습니다. 이 방법을 통해 각 담당 부서나 담당자가 '해야 할 일'을 명확히 나눌 수 있으며, 전후 공정이 겹치는 지점도 포착할 수 있죠.

	담당자	4월	5월	6월	7월
요건 정의	○○○				
상세 설계	○○○				
개발	○○○				
테스트	○○○				

(2) 상세 내용을 정리한다

절차를 세세히 정리할 때는 위 방법으로도 표현하기 어려울 때가

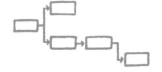

있습니다. 그럴 때는 오른쪽 그림처럼 사각형과 화살표를 이용해 내용을 더 분해해봅시다.

이런 형태를 이용하면, 한쪽으로 전개되는 방향성을 무너뜨리지 않고 세부적인 과정까지 담아낼 수 있습니다. 이처럼 과정도는 해당 절차가 '큰 흐름'인지, '세세한 흐름'인지에 따라 약간 변형된 형태로 사용할 수도 있습니다.

6

'조합'을
의식한다

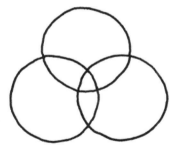

'콘셉트'를 파악한다

◎ '콘셉트'란?

세상에는 너무 많은 상품과 서비스가 존재합니다. 그 탓에 여간해서는 차별화가 쉽지 않죠. 그래서 많은 회사들은 제품을 출시하면서 여러 특성을 조합해 독특한 개성을 만들어냅니다.

이런 상황에서는 새로운 상품과 서비스에 관해 설명을 듣더라도 단번에 이해하기가 쉽지 않습니다. 이때 효과적으로 활용할 수 있는 것이 바로 '벤다이어그램'입니다. 벤다이어그램은 여러 특징을 조합해 생각해볼 수 있도록 도와주며, 우리 생각을 보다 깊이 있게 만들어줄 뿐만 아니라, 누군가에게 설명할 때도 효과적으로 사용할 수 있죠.

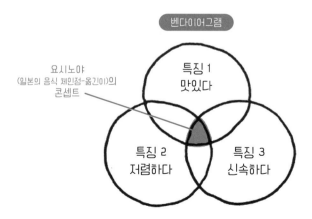

벤다이어그램

요시노야
(일본의 음식 체인점-옮긴이)의
콘셉트

특징 1
맛있다

특징 2
저렴하다

특징 3
신속하다

◎ 강점과 특징을 드러내준다

원이 겹쳐진 부분이 상품 및 서비스의 '콘셉트'가 됩니다. '콘셉트'란 특징이 합쳐져 생겨난 하나의 독특한 개성을 말합니다.

예를 들면 스티브 잡스는 아이폰을 처음 소개하는 프레젠테이션에서 다음과 같은 콘셉트를 이야기했습니다.

"화면이 큰 아이팟iPod, 휴대전화, 인터넷 통신기기. 이 세 가지 요소를 합친 것이 바로 아이폰입니다."

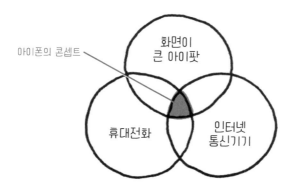

이처럼 여러 특징을 조합하면 새로운 콘셉트가 생겨납니다. 그리고 반대로 콘셉트가 뭔지 파악하고 싶을 때는 무엇과 무엇이 조합되어 있는지 알아내면 됩니다. 이어서 연습문제와 비즈니스 연습문제를 통해 더 자세히 설명하겠습니다.

LESSON 11 페이스북을 그만두지 못하는 이유는?

연습문제

하버드대학 학생들만 사용할 수 있었던 서비스에서 전 세계 사람들이 이용하게 된 페이스북. 이후로도 다른 SNS들이 끊임없이 생겨났지만, 여전히 페이스북 이용자 수가 제일 많습니다. 우리가 페이스북을 쉽게 끊지 못하는 이유는 무엇일까요? 아래의 문장에서 페이스북을 그만둘 수 없는 이유가 무엇인지 생각해봅시다.

실명 등록제로 운영하여 지인을 쉽게 찾을 수 있는 페이스북은 명부로도 사용할 수 있으며, 그룹으로 의사소통하기도 편리합니다. 또한 자신의 근황을 올릴 수 있는 생활일지로 사용할 수도 있죠. 페이스북을 끊고 다른 SNS로 옮겨가면 이런 것들을 모두 잃게 되니, 다른 SNS로 갈아타기 쉽지 않습니다.

 HINT

페이스북은 세 가지 특징이 조합되어 있어 쉽게 끊을 수 없습니다.

STEP
① 무엇이 조합되어 있는지 생각해보기

　문제를 잘 읽어보고 페이스북의 특징을 찾아봅시다. 문제 후반에 '페이스북을 끊고 다른 SNS로 옮겨가면 이런 것들을 모두 잃게 된다'라는 문장이 있는데, 이것이 중요한 힌트가 됩니다.

> 실명 등록제로 운영하여 지인을 쉽게 찾을 수 있는 페이스북은 ①**명부**로도 사용할 수 있으며, 그룹으로 ②**의사소통**하기도 편리합니다. 또한 자신의 근황을 올릴 수 있는 ③**생활일지**로 사용할 수도 있죠. 페이스북을 끊고 다른 SNS로 옮겨가면 이런 것들을 모두 잃게 되니, 다른 SNS로 갈아타기 쉽지 않습니다.

POINT
중복된 내용은 주의하여 키워드를 뽑는다

STEP
② 원을 그려 그 안에 내용 기재하기

　문장에서 발췌한 '명부', '의사소통', '생활일지'를 세 개의 원 안에 적어줍니다.

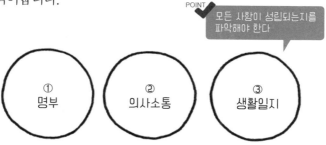

POINT
모든 사항이 성립되는지를 파악해야 한다

①
명부

②
의사소통

③
생활일지

3 원을 겹쳐서 그리기

세 개의 원이 모두 겹쳐지도록 배치해주면 그림이 완성됩니다.

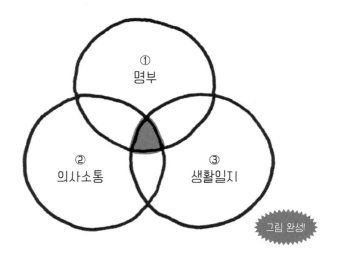

① 실명 등록제로 운영하여 명부를 대신할 수 있다.

② 의사소통 용도로, 사람들과 손쉽게 연락할 수 있다.

③ 자신만의 생활일지로 활용할 수 있다.

이 세 가지 특징을 합친 것이 바로 페이스북의 콘셉트이자 강점이 됩니다. 사람들 사이에 응집력이 강할수록 페이스북상에 강력한 네트워크가 만들어져서, 좀처럼 혼자만 빠져나올 수 없는 것이죠.

빈칸 채우기 방식으로 생각하기

　콘셉트를 나타내기에 가장 적합한 원의 개수는 2~3개입니다. 그보다 더 많아지면 그림이 복잡해지기 때문이죠. 따라서 '벤다이어그램'을 실수 없이 활용하려면 2~3개 이상으로 원을 늘리지 않으면 됩니다.

　벤다이어그램은 새로운 상품이나 서비스, 전략 등을 구상할 때도 사용할 수 있습니다. 먼저 세 개의 원을 그린 후, 그 원을 채울 내용을 생각하는 것이죠. 이런 식으로 빈칸을 채워나가다 보면, 퍼즐을 맞추듯이 콘셉트를 잡아갈 수 있습니다.

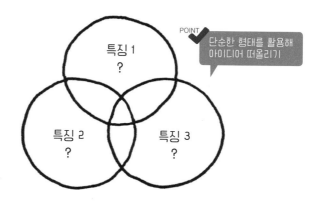

　여럿이 모인 자리에서 위 그림을 나눠 갖고 각자 빈 원 안에 내용을 채운 뒤, 그 그림을 모아 그중에서 가장 좋은 조합을 찾아낼 수도 있습니다. 이렇게 발상 단계부터 활용할 수 있다는 점이 벤다이어그램의 장점입니다.

LESSON 12 하겐다즈 판매 전략의 특징은?

비즈니스 연습문제

편의점이나 슈퍼마켓의 아이스크림 코너에 가보면 유독 눈에 띄는 제품이 있습니다. 바로 '하겐다즈'죠. 이 제품이 이렇게 눈에 잘 띄는 이유는 판매 전략에 특별한 콘셉트가 있기 때문입니다. 하겐다즈 판매점을 떠올리며 그 특징을 한번 생각해봅시다. 가장 먼저 머릿속에 떠오르는 특징부터 하나씩 '벤다이어그램'을 채워갑니다.

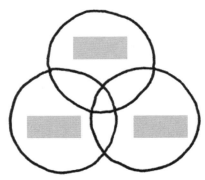

 HINT

하겐다즈 하면 떠오르는 것들을 죽 나열해보고, 그것을 그림에 적용해봅시다.

STEP
1 무엇이 조합되어 있는지 생각해보기

우선 하겐다즈에 관해서 생각나는 대로 적어봅니다.

> 하겐다즈에 싫증이 나지 않는 이유는 스타벅스처럼 항상 한정 상품이 출시되고 있기 때문이다. 또한 다른 브랜드보다 포장이 고급스러우며, 스푼도 견고하다. 가격이 비싼 것마저 특별하게 느껴져, 자신에게 선물한다는 의미로 사 먹기에도 좋다. 다른 제조사도 고급 아이스크림을 판매하고 있지만, 맛의 종류가 적은 편이다.

이 문장 안에서 세 가지 핵심적인 특징을 잡아냅니다. 세세한 내용보다 눈에 띄는 큰 특징에 집중해 찾아봅시다.

POINT
> 가게에서 상품을 보고 떠올린 것들은 무엇인가?

> 하겐다즈에 싫증이 나지 않는 이유는 스타벅스처럼 항상 ①**한정 상품이 출시**되고 있기 때문이다. 또한 다른 브랜드보다 ②**포장이 고급**스러우며, 스푼도 견고하다. ③**가격이 비싼 것마저 특별**하게 느껴져, 자신에게 선물한다는 의미로 사 먹기에도 좋다. 다른 제조사도 고급 아이스크림을 판매하고 있지만, 맛의 종류가 적은 편이다.

2 원을 그려 그 안에 내용 기재하기

문장에서 발췌한 세 가지 특징을 원 안에 적어줍니다.

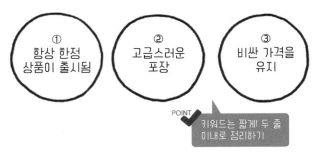

POINT ✓ 키워드는 짧게! 두 줄 이내로 정리하기

3 원을 겹쳐서 그리기

원이 모두 겹쳐지도록 배치해줍니다.

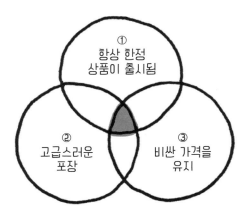

'하겐다즈의 콘셉트'가 서서히 수면 위로 떠오르기 시작했습니다. 위와 같은 서로 다른 세 가지 특징이 조합되어, 하겐다즈만의 독특한 컬러를 지니게 된 것이죠.

키워드를 더 가다듬어보자

여기서 더 깊게 생각해보면, 두 가지 키워드를 떠올릴 수 있는데, 그것은 바로 '화제성'과 '특별함'입니다.

① '한정 상품'은 화제성과 특별함과 관련이 있으며, ② '고급스러움'과 ③ '비싼 가격'은 특별함과 관련이 있죠.

하겐다즈 아이스크림의 경쟁력은 현실에 안주하지 않고, 항상 신선함을 추구한다는 점에 있습니다.

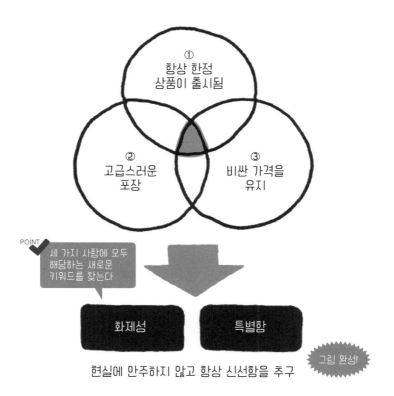

① 항상 한정
상품이 출시됨

② 고급스러운
포장

③ 비싼 가격을
유지

POINT
세 가지 사항에 모두
해당하는 새로운
키워드를 찾는다

화제성

특별함

그림 완성!

현실에 안주하지 않고 항상 신선함을 추구

'벤다이어그램'을 사용해보자

이해의 과정

STEP **1**
무엇이 조합되어
있는지
생각해보기

STEP **2**
원을 그려
그 안에
내용 기재하기

STEP **3**
원을 겹쳐서
그리기

생각 포인트

- 무엇과 무엇이 조합되어 있는지 파악한다.
- 단순한 형태를 활용한다.
- 원 안에 쓸 내용은 두 줄 이내로 한정한다.

실수하지 않으려면

원은 2개 또는 3개만 그린다.

직접 해봅시다!

주변에서 볼 수 있는 여러 콘셉트를 그림으로 생각해봅시다.

- ☑ 자사의 상품 콘셉트를 그려본다면?
- ☑ 자신이 속한 부서나 팀의 콘셉트를 그려본다면?
- ☑ 오늘의 의상 콘셉트를 그려본다면?
- ☑ 평소 좋아하는 과자의 콘셉트를 그려본다면?
- ☑ 자신이 거주하는 동네의 콘셉트를 그려본다면?

곱셈과 덧셈의 차이

'벤다이어그램'은 2~3개 항목이 겹쳐지는 부
분에 주목하는 그림이었죠. 이와 비슷한 것으
로 오른쪽 그림을 들 수 있습니다.

그렇다면 이 비슷한 두 그림을 어떻게 구별해 사용할 수 있을
까요? 아이폰의 콘셉트를 가지고 비교해보겠습니다.

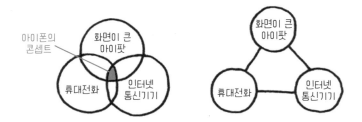

왼쪽 벤다이어그램을 보면 '세 가지 특징이 모두 융합된 것이 아
이폰의 정체성'이라는 것을 알 수 있습니다. 반면 오른쪽 그림은
'아이폰에는 서로 독립된 세 가지 특징이 있다'라는 인상을 줍니다.

왼쪽은 모든 것을 융합하는 '곱셈'을, 오른쪽 그림은 각 요소가
독립적으로 존재하는 '덧셈'을 의미하므로, 그 뉘앙스가 조금 다릅
니다. 융합된 하나의 특성을
나타내고 싶은지, 또는 세 가
지 요소를 모두 강조하고 싶
은지에 따라 이 두 그림을 구
별해 사용하면 됩니다.

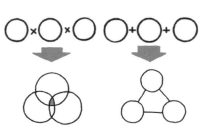

7

방향성을
정한다

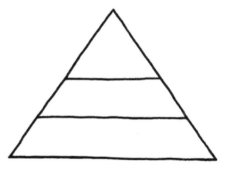

'방침'을 파악한다

◎ '방침'이란?

등산할 때 우리는 정상까지의 코스를 염두에 두고 산을 오릅니다. 마찬가지로 '상품을 ○○개 판매하겠다'라는 목표를 설정할 때도 그것을 실현하는 데 필요한 코스를 미리 생각해두어야 하죠. 그 코스에 해당하는 것이 방침이고, 그것을 정리하기에 가장 적합한 그림이 바로 '피라미드도'입니다.

예를 들어 '영어회화 실력 쌓기'라는 목표를 정했다면, 아래 그림처럼 방침을 세우고, 자신의 부족한 점을 정확히 파악한 후, 구체적인 행동을 취하면 됩니다.

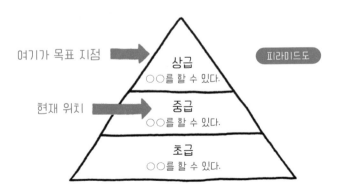

방침이 정해지면 헤맬 일이 없어지므로, 집중적으로 자원(시
간과 돈)을 사용할 수 있습니다.

회사 경영을 예로 들자면, '어떻게든 사업을 확장해서 매출을
늘리는 것이 목표'인지, '사업 확장보다는 고객과 직원에게 오랫
동안 사랑받는 회사가 되는 것이 목표'인지 등, 어느 방식을 채
택할지에 따라 전략과 전술이 달라집니다.

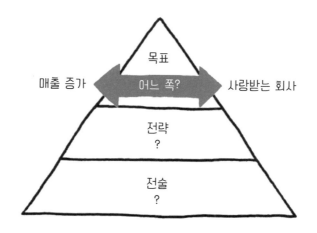

'피라미드도'를 사용하면 '조직이나 개인이 무엇을 목표로 삼
고 있는지' 심플하게 정리할 수 있습니다. 마치 올라갈 산과 그
산을 오르는 방법이 그려진 지도와 유사하죠. 다음 연습문제와
비즈니스 연습문제를 통해 그림에 방침을 어떻게 반영할 수 있
을지 살펴봅시다.

LESSON ⑬ 어떻게 하면 단골을 늘릴 수 있을까?

연습문제

A식당 점장이 단골을 늘릴 수 있는 방법에 관해 고민하고 있습니다. 어떻게 하면 손님이 계속 방문하도록 만들 수 있을까요? 아래 문장을 그림으로 정리해보세요.

> A식당은 손님을 늘리기 위해 새로운 방침을 세웠습니다. 우선 가게를 홍보하기 위해 인터넷 광고를 늘렸고, 고객의 방문 횟수를 늘리기 위해 쿠폰을 발행하기로 했습니다. 손님이 식당을 재방문할 경우 가장 인기 있는 디저트를 무료로 먹을 수 있는 쿠폰을 나눠주고, 결제액 1만 원마다 포인트를 쌓을 수 있는 포인트 카드를 배포하기로 했습니다. 식당을 많이 방문할수록 가격이 저렴해지니, 당연히 단골이 늘어날 것이라 예상한 것입니다.

 HINT

손님이 단골이 될 때까지 몇 단계를 거쳐야 하는지 파악해보세요.

STEP
① 몇 단계를 거쳐야 하는지 파악하기

'손님이 첫 방문 후 단골이 될 때'까지 어떤 단계를 거쳐야 하는지 파악해봅시다. 구체적인 방법이나 세세한 내용은 신경 쓰지 않아도 됩니다.

POINT
단계를 의식하며
키워드를 뽑아낸다

A식당은 손님을 늘리기 위해 새로운 방침을 세웠습니다. 우선 ① **가게를 홍보하기** 위해 인터넷 광고를 늘렸고, 고객의 방문 횟수를 늘리기 위해 쿠폰을 발행하기로 했습니다. ②**손님이 식당을 재방문**할 경우 가장 인기 있는 디저트를 무료로 먹을 수 있는 쿠폰을 나눠주고, 결제액 1만 원마다 포인트를 쌓을 수 있는 포인트 카드를 배포하기로 했습니다. 식당을 많이 방문할수록 가격이 저렴해지니, 당연히 ③**단골이 늘어날 것**이라 예상한 것입니다.

STEP
② 피라미드도를 그려 그 안에 기본 내용 기재하기

손님이 첫 방문 후 단골이 되기까지 세 단계가 필요하다는 것을 알 수 있습니다. 이제 이 세 단계로 구성된 피라미드도를 그려봅시다.

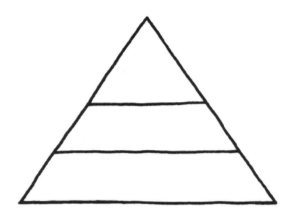

　피라미드도를 그린 후, 각 층에 맞는 내용을 기재합니다. 아래 그림처럼 가장 위층에 '단골화'를 기재하고, 그 아래층은 '가게 방문', 또 그 아래층은 '가게 홍보'를 적어 넣습니다. 이것으로 올라야 할 산과 그 산을 오를 방법이 가시화되었습니다.

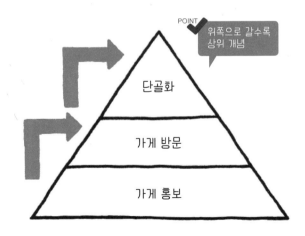

③ 설명 추가하기

이제 세부적인 내용을 추가해봅니다. 그러면 단골을 늘리기 위한 방침이 아래 그림처럼 완성됩니다.

이렇게 그림으로 정리해보면, '무엇을 해야 할지' 분명해질 뿐만 아니라, '시책으로서 어느 부분이 부족한지', 또 '단계를 더 늘릴 필요는 없는지' 등도 쉽게 파악할 수 있습니다.

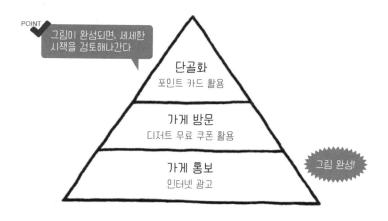

POINT
그림이 완성되면, 세세한 시책을 검토해나간다

단골화
포인트 카드 활용

가게 방문
디저트 무료 쿠폰 활용

가게 홍보
인터넷 광고

그림 완성!

처음부터 완벽함을 추구하지 말 것!

처음부터 완벽한 방침을 세우려 하지 말고, 우선 생각나는 것들을 그림으로 그려봅니다. 그것을 버전 1로 정하고, 조금씩 업데이트해나가는 것이죠. 피라미드도는 위층과 아래층의 연관성을 의식하며 생각할 수 있으므로, 논리적인 방침을 쉽게 세울 수 있습니다.

LESSON ⑭ 아마존의 다음 행보는?

비즈니스 연습문제

온라인 서점으로 출발했던 아마존은 실제로 서점을 오픈하거나 고급 슈퍼마켓 '홀푸드 마켓' 매수를 발표하는 등, 차츰 가상세계에서 현실로 나오고 있습니다.

온라인에서 실제 세상으로의 진출, 이 움직임은 앞으로도 지속될까요? 아래는 아마존의 방침을 공식 홈페이지의 정보를 바탕으로 정리해본 것입니다. 이를 그림으로 정리해 향후 아마존의 동향을 예상해봅시다.

아마존은 '다양한 상품', '저렴한 가격', '편의성 추구'라는 세 가지 사명으로 온라인상에서 시작되었던 사업을 현실 세계에서도 전개하고 있습니다. 그런 아마존의 비전은 '지구상에서 가장 다양한 상품을 제공하여, 고객의 모든 니즈를 충족시키는 것'이라고 합니다.

 HINT

무엇이 최상위 개념인지 잘 생각해보세요.

1 몇 단계를 거쳐야 하는지 파악하기

문제를 자세히 읽어보고, 아마존의 방침을 파악해봅시다.

> 아마존은 '다양한 상품', '저렴한 가격', '편의성 추구'라는 세 가지 ①**사명**으로 온라인상에서 시작되었던 ②**사업**을 현실에서도 전개하고 있습니다. 그런 아마존의 ③**비전**은 '지구상에서 가장 다양한 상품을 제공하여, 고객의 모든 니즈를 충족시키는 것'이라고 합니다.

2 피라미드도를 그려 그 안에 기본 내용 기재하기

아마존의 방침은 '사명', '사업', '비전'이라는 세 단어로 설명할 수 있습니다. 우선 이 단어들을 피라미드 안에 적어줍니다.

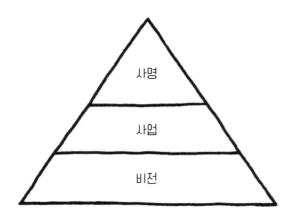

　문제의 순서대로 적어 넣자면 비전이 최하층이 되지만, 비전은 '회사의 존재 목적 및 미래상'으로서 회사 경영의 최상위 개념이므로 순서를 바꿔보겠습니다.

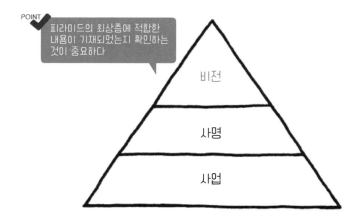

POINT
피라미드의 최상층에 적합한 내용이 기재되었는지 확인하는 것이 중요하다

STEP
③ 설명 추가하기

　개요만으로는 이해하기 힘드니, 각 피라미드 층마다 설명문을 추가해줍니다. 문제 초반에 등장하는 '다양한 상품', '저렴한 가격', '편의성 추구'는 '사명'에 해당하죠.

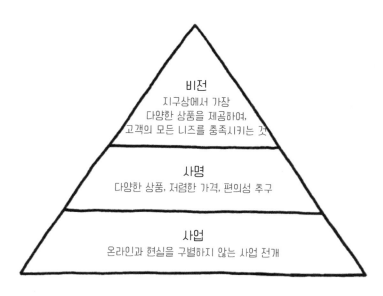

> **비전**
> 지구상에서 가장
> 다양한 상품을 제공하여,
> 고객의 모든 니즈를 충족시키는 것

> **사명**
> 다양한 상품, 저렴한 가격, 편의성 추구

> **사업**
> 온라인과 현실을 구별하지 않는 사업 전개

　방침을 나타내는 '피라미드 도'에서 가장 중요한 부분은 바로 일관성입니다. '비전→사명 →사업' 순으로 구성되어 있는지 검증해봅니다.

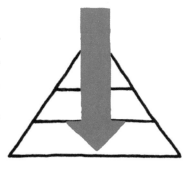

일관성을 확인한다!

아래 그림처럼 각 개념의 설명문을 통해 일관성을 확인할 수 있습니다. 이 그림에서는 아마존의 '비전'이 최상위에 위치하죠. 그리고 그 안에는 '다양한 상품'과 '모든 니즈'라는 단어가 포함되어 있습니다.

다음 단계에 기재한 '사명'을 한 번 살펴보시죠. 그 안에는 '다양한 상품, 저렴한 가격, 편의성 추구'가 포함되어 있습니다. '다양한 상품'은 비전에도 등장하는 단어이며, '낮은 가격과 편의성'도 비전에 등장하는 '모든 니즈'라는 단어에 포함되는 내용이므로, 이를 통해 '비전'과 '사명' 사이에 일관성이 있음을 확인할 수 있습니다.

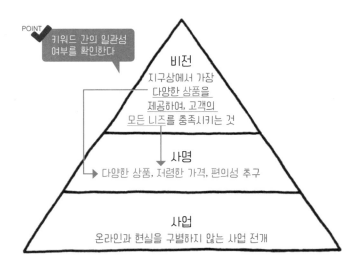

마지막으로 '사업'과의 일관성을 살펴보겠습니다.

'아마존=온라인 서점'이라는 인상이 강하지만, 비전과 사명에 따르면 그렇지 않습니다.

오히려 비전의 '고객의 모든 니즈를 충족시킨다'와 사명의 '편의성 추구'를 구현하기 위해 현실 세계로의 진출은 필연적이었다고 볼 수 있죠. 이를 통해 '비전'과 '사명', '사업' 사이에 일관성이 있음을 확인했습니다.

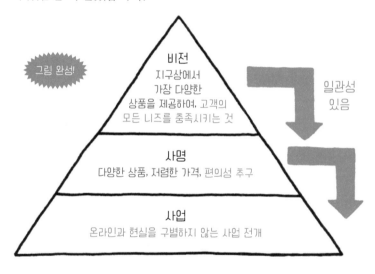

피라미드도를 실수 없이 활용하는 비결은 우선 '위에서 아래' 방향으로 일관성을 확인한 후, 반대로 '아래에서 위' 방향으로 흐름을 확인하여, 서로 위화감이 없는지 확인해보는 것입니다. 이런 식으로 흐름을 의식하며 확인하면 그림의 정밀도가 높아집니다.

'피라미드도'를 사용해보자

이해의 과정

STEP **1**
몇 단계를 거쳐야
하는지 파악하기

STEP **2**
피라미드도를
그려 그 안에
기본 내용 기재하기

STEP **3**
설명 추가하기

생각 포인트

- 위로 갈수록 상위 개념
- 우선 대략적인 형태를 만들어둔다.
- 세세한 부분은 나중에 정리한다.

실수하지 않으려면

위에서 아래로, 아래에서 위로
양방향으로 일관성을 유지한다.

직접 해봅시다!

주변에서 찾아볼 수 있는 방침을 그림으로 생각해봅시다.

- ☑ 자사의 방침을 그려본다면?
- ☑ 이익률을 높이기 위한 방침을 그려본다면?
- ☑ 경쟁사의 방침을 그려본다면?
- ☑ 좋아하는 스포츠팀의 방침을 그려본다면?
- ☑ 인생의 방침을 그려본다면?

Before→After로 비교한다

어떤 것을 조금 더 쉽게 이해하려면 전후 상황을 비교해보는 것도 좋은 방법입니다.

그림을 활용하면 '현재 상황은 이렇지만, 나중에는 이렇게 될 것이다'라는 내용을 가시적으로 담아낼 수 있습니다. 예를 들면 '현재의 비즈니스 상황이 차후에 어떻게 진행될지' 등을 오른쪽 그림처럼 일목요연하게 정리할 수 있습니다.

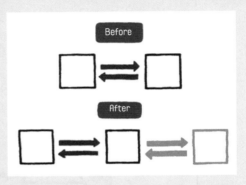

또 여러 항목을 비교하는 '비교도'에도 응용할 수 있습니다. 아래 그림처럼 화살표를 추가하면, '현재 상황'과 '미래 상황'의 Before→After도 살펴볼 수 있죠.

하나의 그림으로만 생각하지 말고, 여러 그림을 비교해보는 것도 좋은 방법입니다. 어떤 사실을 조금 더 쉽게 이해할 수 있으니까요.

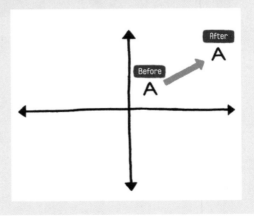

다각도로
생각하는 연습

그림으로 생각하는
인생 전략

지금까지 '7가지 그림'의 기초 훈련을 통해 7가지 시선으로 생각하는 방법을 살펴보았습니다. 이 외에도 그림을 활용할 여지는 여전히 많이 남아 있습니다.

예를 들면 '앞으로의 경력이나 내 집 마련' 등 인생을 크게 좌우하는 일에 관해 생각할 때는 하나의 각도가 아니라, 다각도로 생각하며 신중을 기해야지요.

다각도의 사고방식

지금부터는 7가지 그림 중 5가지를 활용해 여러 각도로 생각하는 방법을 살펴보겠습니다. 주제는 '앞으로 어떻게 커리어를 쌓아나갈 것인가?', 즉 인생 전략에 관한 내용입니다. '생각 정리의 예'를 살펴본 뒤에 자기 상황에 맞춰 생각해보세요. '현재 상황에 만족하거나, 지금의 상황이 계속 이어지길 바라는' 분들도 자기 현주소를 재고해봄으로써 새롭게 깨닫는 것이 있을 수 있습니다. 현재 '주어진 환경'과 '자신의 목표 방향'이 잘 부합되고 있는지 검토하는 차원에서 활용하면 좋을 것입니다.

교환도=관계를 생각할 때

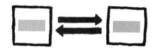

심화도=요인을 생각할 때

비교도=차이를 생각할 때

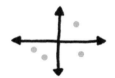

벤다이어그램=콘셉트를 생각할 때

피라미드도=방침을 생각할 때

무엇을 이루고 싶은가?

◎ 삶의 방식 생각하기

인생 전략을 검토할 때는 '어떤 일생을 보내고, 인생에서 무엇을 이루고 싶은지'가 가장 중요합니다.

예를 들어 '좋은 세상을 만들고 싶다'라는 높은 비전을 설정했다면, 열정적으로 사회문제에 뛰어들어 복잡한 문제를 해결해가는 고된 삶을 선택해야 할 수도 있습니다. '가족과 시간을 보내는 것이 중요하다'면, 직장생활과 가정생활의 균형에 중점을 두어야 하겠죠. 이 외에도 '취미를 직업으로 삼고 싶다'거나 '지역사회를 위해 헌신하고 싶다' 등의 여러 삶의 방식이 있을 수 있습니다.

삶의 방식은 제각기 다르겠지만 모두가 존중받아 마땅합니다. 옳고 그름은 타인이 판단할 문제가 아니기 때문이죠.

일생을 통해 '무엇을 이루고 싶은지' 생각해보세요. 나중에 어떤 계기를 통해 '이루고 싶은 것'이 바뀔 수도 있지만, 그렇더라도 현재 생각하고 있는 것을 정리해볼 필요는 있습니다. 마음속 저변에 잠들어 있는 '본심'을 일찌감치 깨닫게 될지도 모르니까요.

이때 '피라미드도'를 활용하면 자기 생각을 심플하게 정리할 수 있습니다. 다음 사례는 어느 중견 관리자의 이야기입니다.

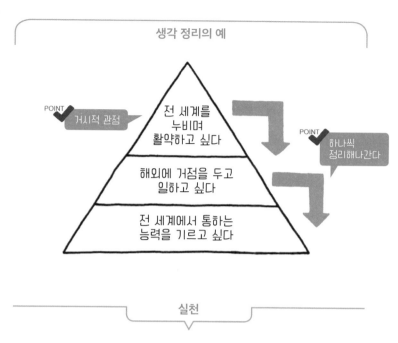

생각 정리의 예

POINT ✔ 거시적 관점

전 세계를
누비며
활약하고 싶다

POINT ✔ 하나씩
정리해나간다

해외에 거점을 두고
일하고 싶다

전 세계에서 통하는
능력을 기르고 싶다

실천

여러분이라면 어떻게 할지 생각해봅시다!

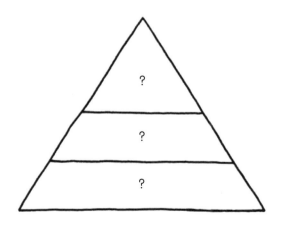

?

?

?

회사를 옮길 것인가, 계속 다닐 것인가?

◎ 다양한 가능성을 냉정하게 판단한다

앞의 피라미드도를 통해 나아가야 할 방향을 확인했습니다. 이제 생각할 문제는 '회사를 옮길 것인가, 계속 다닐 것인가?'입니다.

우선은 '꼭 회사를 옮겨야 하는지' 생각해봅시다. 만일 이직하기로 마음먹었다면, 다음 회사 면접에서 "왜 이직하려고 하는가?" "왜 우리 회사로 오려고 하는 것인가?"와 같은 질문을 받게 될 것입니다. 이 질문에 대한 대답이 확실해지기 전에 회사를 떠나는 것은 금물입니다. 꼭 이직하지 않더라도 사내 발령이나 신규 프로젝트를 통해 해결할 수 있는 문제일 수 있으니까요.

> **생각 정리의 예**
>
> '꼭 회사를 옮겨야 하는가?'라는 문제에는 여러 요인이 있을 수 있으므로, '심화도'를 사용해봅시다.

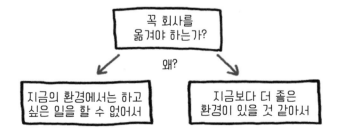

우선 '지금의 환경에서는 하고 싶은 일을 할 수 없어서'에 관해 깊게 파헤쳐봅시다.

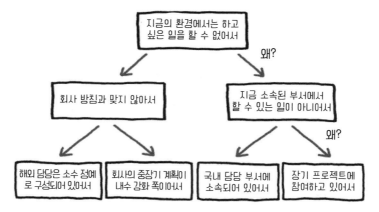

다음으로 '지금보다 더 좋은 환경이 있을 것 같아서'에 관해 깊게 파헤쳐봅시다. 왜 그렇게 생각하는지 이유를 따져봅시다.

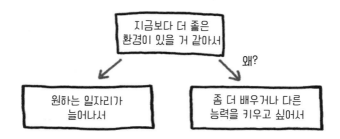

이런 사고 과정을 따라가다 보면 '정말로 이직이 필요한지', '내가 어떤 것을 신경 쓰고 있는지'가 분명해집니다. 다음 페이지에 전체 내용을 하나로 정리해두었습니다.

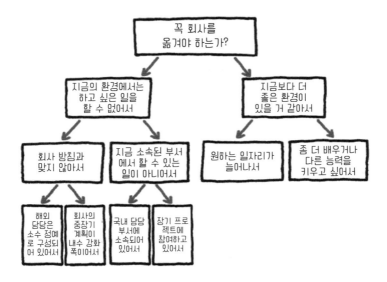

이렇게 내용을 하나씩 깊게 파헤친 후, 각각의 요인을 살펴봅
시다.

- 해외 담당이 소수 정예로 구성되어 있긴 하지만, 멤버를 확
  충할 가능성이 아예 없는가? 한 명 정도는 더 뽑지 않을까?
- 회사 방침이 내수 강화인 상황에서 해외 비즈니스가 차지하
  는 비중은 얼마나 될 수 있을까?
- 상사에게 다른 부서로의 인사이동을 상의했는가? 회사에 자
  신이 하고 싶은 일을 전달했는가?
- 장기 프로젝트에 임하고 있긴 하지만, 도중에 빠져나올 기
  회는 없는가?

이처럼 '모든 방법을 동원해봤는지', '다른 방법은 없는지' 등을 이 그림을 통해 확인해봅시다.

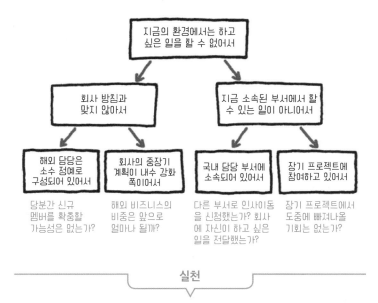

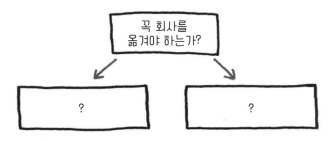

요인을 분석해본 결과 '지금 회사에는 답이 없다'라는 판단이 들었을 때 이직을 결정하십시오. 그러나 남의 떡이 커 보이는 법이니, 중대한 결정을 내리기 전에는 다양한 가능성을 열어두고 냉정히 판단하세요.

자신의 강점은 무엇인가?

◎ 자신이 어떤 능력을 지녔는지 생각해보기

이제 나아갈 방향이 보이기 시작했다면, 지금까지 해온 일을 되돌아보며 자신의 능력에 취약점은 없는지, 강점은 무엇인지 확인해보세요. 인생 전략을 제대로 세우기 위해서는 자신의 강점을 확실히 파악해두어야 합니다. 하나라도 압도적인 능력을 갖고 있다면 그것만으로 충분할 수 있지만, 현실적으로 그런 사람이 많지는 않습니다.

우선 스스로 자신 있게 말할 수 있는 세 가지 능력을 꼽아봅시다. 그리고 그 능력을 합쳐 자신만의 특징을 파악해보세요. 여러분이 꼽은 각각의 능력이 독보적인 수준은 아니라 해도, 그 능력을 모두 합치면 자신만의 독특한 강점이 될 수 있습니다.

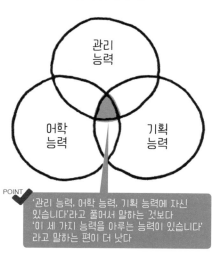

생각 정리의 예

관리
능력

어학
능력

기획
능력

POINT ✓ '관리 능력, 어학 능력, 기획 능력에 자신
있습니다'라고 풀어서 말하는 것보다
'이 세 가지 능력을 아우르는 능력이 있습니다'
라고 말하는 편이 더 낫다

실천

자신만의 능력을 생각해봅시다.

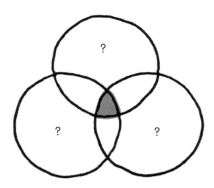

?

?

?

회사에 무엇을 요구할 것인가?

◎ 대가 생각하기

자신이 조직에 줄 수 있는 것이 확실해졌다면, 이제 그것에 대해 회사에 무엇을 요구할지 생각해봅시다.

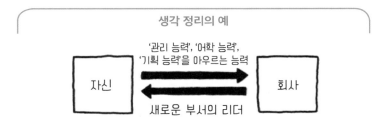

생각 정리의 예

'관리 능력', '어학 능력', '기획 능력'을 아우르는 능력

자신 → 회사
자신 ← 회사

새로운 부서의 리더

직급, 보수, 부하직원, 복리후생 등 여러 가지 사항을 대가로 요구할 수 있겠죠.

실천

자신의 능력과 현실을 정확히 파악해야 합니다. 회사에 무엇을 요구할지 다시 한 번 잘 생각해보세요.

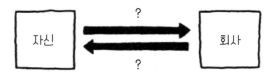

자신 → ? → 회사
자신 ← ? ← 회사

어떤 회사가 가장 좋을까?

◎ 회사 선택하기

마지막으로, 회사를 선택하는 방법입니다. '회사의 비전에 공감할 수 있는가'와 '회사가 내 능력을 필요로 하는가'라는 두 개의 축을 이용해 여러 회사를 비교해보겠습니다.

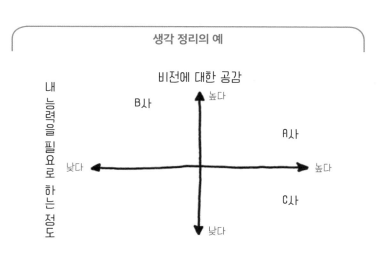

생각 정리의 예

자신에게 어떤 회사가 맞는지 생각해봅시다.

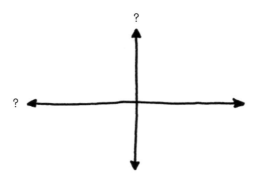

　지금까지 인생 전략을 주제로, 특히 커리어 측면에서 5가지 그림을 활용해 여러 각도로 생각을 정리해보았습니다. 여러분도 각자 인생 전략을 짜보세요. 7가지 그림을 적절히 활용해 다각도로 생각해보세요.

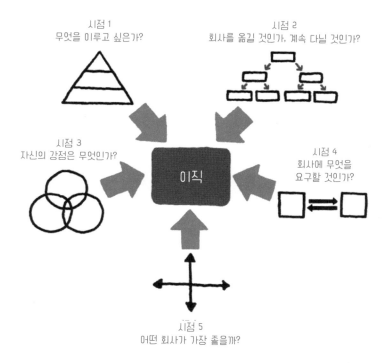

그림을 활용하면 여러 시각에서 입체적으로 사고할 수 있게 됩니다. 주제가 복잡하거나 다양할 때는 꼭 7가지 그림을 활용해 생각해보세요.

다음 페이지에 '7가지 그림의 특징과 사용법'을 정리해두었으 니 수시로 참고하세요.

7가지 그림의 특징과 사용법

	교환도	수형도	심화도	
파악할 주제	관계	구조	요인	
알 수 있는 것	누가 누구와 무엇을 교환하는 관계인가	어떤 구조로 이루어져 있는가	왜 이런 일이 벌어졌는가	
언제 활용할까?	● 거래관계를 시각화하고 싶을 때 ● 공평한 관계인지 확인하고 싶을 때	● 정보가 복잡하게 뒤섞여 있을 때 ● 뭔가 정리·정돈 하고 싶을 때	● 원인을 분석하고 싶을 때 ● 대처법을 찾고 싶을 때	
실수하지 않으려면	화살표는 양방향으로 그린다.	반드시 어떤 그룹에 포함시킨다.	다음 단계로 넘어갈 때는 반드시 여러 개로 나눈다.	

비교도	과정도	벤다이어그램	피라미드도
차이	절차	콘셉트	방침
상품 및 서비스가 서로 어떻게 다른가	어떤 절차로 계획을 실행하면 좋을까	상품 및 서비스에 어떤 특징이 있는가	목표 방향과 그곳에 도달할 때까지의 절차는 무엇인가
● 라이벌과 차별화를 두고 싶을 때 ● 구매 대상을 비교하거나 검토하고 싶을 때	● 실행 과정을 명확히 하고 싶을 때 ● 절차상 어디에 문제가 있는지 알고 싶을 때	● 콘셉트를 정할 때 ● 경쟁사 상품 및 서비스의 강점을 알고 싶을 때	● 회사의 비전과 전략 및 전술을 구상할 때 ● 목표에 도달할 방법을 찾고 싶을 때
가장 중요한 항목은 세로축에 배치한다.	주요 흐름이 한쪽 방향으로 흐를 수 있도록 그린다.	원은 2개 또는 3개로 그린다.	위에서 아래로, 아래에서 위로 일관성을 유지한다.

그림을 활용한 자기소개의 세 가지 장점

한때 저는 자기소개에 어려움을 느끼곤 했습니다. 지금은 개인 홈페이지에 올린 그림이나 일하며 그린 그림 등을 보여주며 어떤 일을 하고 있는지 간략하고 명확하게 전달할 수 있지만, 예전에는 딱히 내세울 게 없다고 생각했던 것 같아요. 그러니 자기소개가 당황스럽고 어려울 수밖에요. 그때 고안해낸 것이 바로 그림을 활용한 자기소개입니다. '지금 하는 일은 무엇인지', '앞으로 무슨 일을 하고 싶은지' 등을 그림으로 미리 준비해, 그것을 보여주며 내가 어떤 사람인지 이야기하는 것입니다. 이런 자기소개 방법에는 세 가지 장점이 있습니다.

(1) 자신을 파악할 수 있다

갑자기 자신에 관해 이야기하려 하면, 샛길로 빠지기 쉽습니다. 평소 자신에 대해 잘 알지 못하기 때문이죠. 그림 생각법을 통해 자신을 잘 알게 되면, 자기소개에서 상대에게 전달할 중심축이 생겨납니다.

(2) 든든한 자기소개서가 생긴다

자신에 대해 잘 알고 있더라도, 남에게 자신을 소개할 때는 긴장해서 할 말을 잊거나 이야기할 순서가 헷갈리기도 합니다. 하지만 그림으로 정리해두면, 그림대로 이야기를 풀어갈 수 있으니 잊어버리거나 순서가 헷갈릴 일이 없어집니다.

(3) 다른 사람에게 나를 잘 각인시킬 수 있다

그림을 활용해 자기를 소개하면 다른 사람의 기억에 오래도록 남을 수 있습니다. 종이와 펜만 있으면 어디서나 그림으로 자기를 소개할 수 있습니다. 화이트보드가 있는 곳이라면 그 위에 그림을 그리면서 자기소개를 해보세요. 상대방에게 깊은 인상을 남기게 될 것입니다.

심플하게
생각하는
습관 들이기

책과 동영상의 내용을 그림으로 정리하기

지금까지 생각의 툴로 '그림'을 활용하는 방법을 배워봤습니다. 그러나 활용법을 배우는 것만으로는 충분치 않습니다.

지식을 얻었다고 해서 일상에 바로 '활용할 수 있는 것'은 아닙니다. 그렇다면 그림 생각법을 완전히 자기 것으로 만들고, 평소 생각할 때도 바로바로 써먹을 수 있도록 하는 비결이 무엇일까요? 바로 '습관화'입니다.

'지식의 거인'이라고 불리는 피터 드러커는 그의 저서《프로페셔널의 조건》에서 습관의 중요성에 대해 이렇게 적었습니다.

"성과를 내는 사람들의 공통점은 자신의 능력과 존재를 성과로 연결하는 데 필요한 습관을 갖추고 있다는 점이다."

그러면 '그림으로 생각하는' 기술을 습관화하고, 성과로 연결하기 위해서는 어떻게 해야 할까요?

이 책의 도입부 '들어가기에 앞서'에서 말했듯이 저는 다양한 소재로 그림을 그려왔습니다. 장르를 불문하고 다양한 콘텐츠를 그림으로 정리했는데, 그중에서 특히 습관화에 큰 도움을 받은 것이 바로 '독서 감상문'과 '영상 감상문'입니다.

성과를 낼 때까지의 흐름

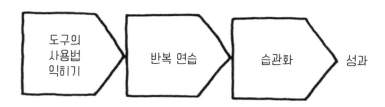

◎ 소재는 쉽게 반복 연습할 수 있는 것으로 고른다

그림 생각법을 연습할 때는 주변에서 쉽게 접할 수 있는 책이나 뉴스 등 일상적인 것을 소재로 삼는 것이 좋습니다. 특별한 소재를 찾겠다고 시간 낭비하지 말고, 손을 끊임없이 움직여 복잡한 머릿속을 그림으로 하나씩 풀어나가면 됩니다.

그림을 그릴 때도 '이 그림 한 장으로 모든 것을 얻겠다'고 생각하지 마세요. 작은 것들부터 그림으로 정리하되, 처음에는 양적인 측면에 중점을 두다가 점점 습관이 붙으면 서서히 질적인 부분을 생각하는 게 좋습니다.

어떤 소재를 어떻게 그리면 좋을지 쉽게 떠올릴 수 있도록 제가 지금까지 그림으로 정리해본 독서 감상문과 영상 감상문을 다음 페이지에 소개해놓았습니다.

그림으로 정리한 독서 감상문

책 전체 내용을 정리하기보다는, '인상 깊었던 문구'나 '나중에 도움이 될 만한 부분' 등 요점을 추려내서 그립니다. 그러면 내용을 더 분명하게 이해할 수 있습니다.

독서 감상문 예시①
《다이칸야마 어른들의 츠타야 계획》
마스다 무네아키 지음 / 훗칸닷컴

츠타야 매장들을 운영하는 컬처 컨비니언스 클럽 주식회사의 창업자 마스다 무네아키 씨는 이 책에서 계획을 세울 때 '슈하리 (守破離, 슈(守)는 스승의 가르침을 지켜 계승하는 것, 하(破)는 스승과 다른 조류의 기법을 연구하는 것, 리(離)는 자신만의 독자적인 영역을 개척하는 것을 말한다-옮긴이)'의 과정을 밟으라고 조언합니다. 아래 그림에 '슈하리'의 과정을 요약해두었습니다.

활용한 그림: 과정도

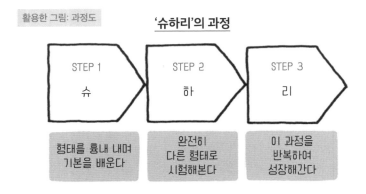

'슈하리'의 과정

STEP 1
슈
형태를 흉내 내며 기본을 배운다

STEP 2
하
완전히 다른 형태로 시험해본다

STEP 3
리
이 과정을 반복하여 성장해간다

미즈노 마나부 지음

구마모토의 마스코트인 '구마몬' 캐릭터를 디자인하고 '도쿄 미드타운'의 이미지 마케팅에 참여했던 미즈노 마나부 씨는 이 책을 통해 센스를 키울 수 있는 비결을 소개하고 있습니다. 아래 그림에 책 내용을 요약해두었습니다.

활용한 그림: 벤다이어그램

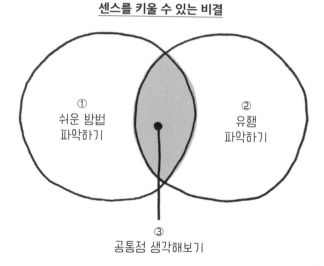

센스를 키울 수 있는 비결

센스를 키우려면, '쉬운 방법(인기 있는 것)'과 시대의 '유행'을 모두 파악한 상태에서 그 공통점을 생각해봐야 한다는 것을 그림으로 나타내봤습니다.

《프로페셔널의 조건》

피터 드러커 지음

이 책에서 피터 드러커는 문제를 해결할 때는 반드시 네 가지 문제를 해결해야 한다고 말했습니다. 이 문장이 너무 좋아서 외우고 싶은 마음에 그림으로 한번 정리해봤습니다. 해당 문장은 다음과 같습니다.

> 첫째로 '기본적인 문제인가? 예외적인 문제인가?', '계속 생길 수 있는 문제인가? 개별적으로 대처할 수 있는 문제인가?'라는 질문을 던져보아야만 한다. 기본적인 문제는 원칙과 절차를 통해 해결해야만 하지만, 예외적인 문제는 그 상황에 따라 개별적으로 해결해야만 한다. 엄밀히 따지면 모든 문제는 두 종류가 아니라, 네 종류로 분류할 수 있다.

이 문장을 그림으로 정리하려면 두 개의 축이 있는 '비교도'를 활용해야 합니다.

세로축에는 '기본적인 문제인가? 예외적인 문제인가?'를, 가로축에는 '단발적으로 발생하는가? 빈번히 발생하는가?'를 배치하여 생각을 정리할 기초를 준비합니다. 다음 페이지에 해당 내용을 그림으로 정리해두었습니다.

해결해야 할 문제를 그림으로 나타내면, '어떻게 대응하면 좋을지, 어디에 시간을 써야 효율적인지' 쉽게 알 수 있습니다.

특히 아래쪽에 배치한 '예외적'인 문제는 개별적으로 대응할 수밖에 없습니다. 또 '단발적으로 발생하는 문제'는 그대로 두어도 되지만, 예외적이면서도 빈번히 발생하는 문제에는 주의를 기울여야 하죠. 그리고 체제나 구조 문제 등, '근본적'인 문제일 가능성도 있습니다. 이처럼 그림으로 정리해두면, 비즈니스 현장에서도 곧바로 다시 활용할 수 있습니다.

활용한 그림: 비교도

문제 해결의 사고방식

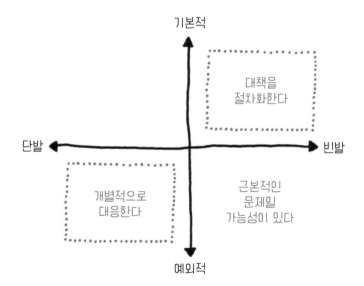

그림으로 정리한 영상 감상문

회의나 컨퍼런스, 사업 협상 자리에 가보면 종종 눈이 핑 돌아갈 정도로 많은 정보가 쏟아질 때가 있습니다. 그래도 어떻게든 정보를 이해하고 내용을 따라가야 하죠. 이런 때에 대비해 평소 영상을(방송이나 동영상) 그림으로 정리해보는 훈련을 해두면 돌아가는 상황을 보다 쉽게 파악할 수 있을 뿐만 아니라 여러모로 유익합니다.

제가 TV 방송 〈캄브리아 왕궁〉을 보며 메모했던 두 가지 예시를 소개하겠습니다. 여러분도 유익한 경제 방송이나 새로운 시선을 일깨워주는 'TED' 등의 영상을 그림으로 정리해보세요.

동영상 시청 감상문 예시①

호시노 리조트의 일본식 환대란?

캄브리아 왕궁(2016년 12월 1일 방송분)

호시노 리조트는 자사의 비전을 '리조트 운영의 달인'에서 '호스피탤리티 이노베이터(Hospitality Innovator, 환대를 통해 혁신을 일으키는 자)'로 변경했다고 합니다. 방송에 게스트로 출연했던 호시노 리조트의 사장 호시노 요시하루 씨는 비전을 변경한 이유에 대해 다음과 같이 이야기했습니다.

> 전 세계의 유명 리조트가 일본으로 대거 들어오고 있으니, 지금까지 그 어디에서도 볼 수 없었던 독특한 리조트 운영사가 되는 것을 목표로 삼아야 한다.

그래서 내린 결론이 바로 '환대Hospitality'였죠. 그 프로의 MC였던 무라카미 류 씨는 그에게 이런 질문을 던졌습니다. "일본에만 존재하는 환대이라는 것이 따로 있나요? 리조트 업계에서 환대란 전 세계 어딜 가나 있는 거 아닌가요?" 그 질문에 대한 호시노 사장의 대답을 다음과 같이 정리해보았습니다.

- 전 세계 호텔이 고객의 목소리를 귀담아듣게 된 이후부터 어디에서나 똑같은 서비스를 제공하고 있다.
- 그래서 고객의 요구 사항에는 없는 자사만의 독특한 서비스를 제공할 필요가 있다.

예를 들면 아오모리의 여관에서는 아오모리 도시락으로 고객을 맞이하고, 말의 산지답게 말로 마중을 나가고(말이 여행객의 짐을 옮겨줍니다), 네부타 축제(칠월칠석에 일본 동북지방에서 열리는 축제-옮긴이)에 초대하는 등 아오모리만의 서비스를 제공하고 있습니다. 바로 이런 것들이 호시노 리조트식 '고집'이라고 볼 수 있습니다. 그런 고집으로 고객이 요구하지 않은 것까지 제공하는 형태로 전 세계 경쟁사와 차별화를 꾀하고 있죠. 아래 그림을 보세요. 경쟁사와 호시노 리조트의 입장은 비슷해 보이지만, 둘의 입지는 전혀 다르다는 것을 쉽게 알 수 있습니다.

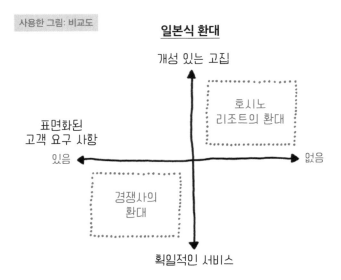

사용한 그림: 비교도

일본식 환대

개성 있는 고집

호시노 리조트의 환대

표면화된 고객 요구 사항

있음　　　　　　　　　　　　없음

경쟁사의 환대

획일적인 서비스

동영상 시청 감상문 예시②
이케아가 저렴한 세 가지 비결

캄브리아 왕궁(2017년 5월 18일 방송분)

이날 방송에서는 이케아 창업자의 신념을 다뤘습니다.

좋은 디자인을 비싼 가격에 판매하는 것은 누구나 할 수 있다. 반면 좋은 디자인을 저렴한 가격에 판매하기 위해서는 지혜와 경험이 필요하다.

'디자인과 저렴한 가격의 양립', 이것이 이케아의 중요한 콘셉트였죠.

그날 방송에서는 다음의 세 가지가 저렴한 가격을 실현하는 비결로 소개되었습니다.

① 규모적인 장점(세계 각국에 똑같은 상품을 판매하고 있으므로, 대량 생산할 수 있다)

② 플랫 팩(Flat Pack, 나중에 조립할 수 있게 분해해놓은 상품을 최대한 납작하게 포장하여 한 번에 많은 상품을 옮기고 쉽게 관리할 수 있다)

③ 셀프서비스(고객이 매장 선반에서 직접 가구를 꺼내 집으로 가져가고, 가구를 직접 조립하게 함으로써 인건비를 줄일 수 있다)

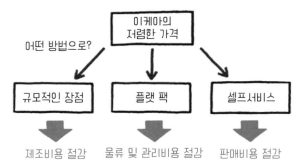

저렴한 가격을 실현한 비결

이케아 재팬의 헬렌 폰 라이스 사장이 셀프서비스에 관해 한 말이 참 인상적이었습니다. "고객과 이케아는 역할 분담을 통해 서로의 부담을 줄여줍니다."

이케아와 고객의 관계

이렇게 기업 사례를 정리해두면, 나중에 아이디어를 떠올릴 때 활용할 수 있는 자료집이 됩니다.

습관화에 관한 한 가지 조언

'들어가기에 앞서'에서 말했듯이, '타인에게 무언가를 전달하기 위한 그림'을 그리려면 그림을 보기 좋게 만드는 손재주 이전에 '자기 자신이 이해할 수 있는 그림'을 그릴 수 있어야 합니다.

이 책은 머릿속을 정리해 심플하게 생각하는 데 필요한 '도구와 사용법'을 알려주기 위한 입문서입니다. 그림 생각법의 기초적인 내용을 담고 있죠.

아래 피라미드도에서 볼 수 있듯, 그림을 더 멋있게 꾸미는 '표현 기술'과 그림을 효과적으로 전달하는 '설명 기술'은 '생각을 정리하는 기술'이라는 기초가 있어야만 유의미합니다. '그림으로 생각하는 기술'을 습관화해 기초를 튼실하게 다진다면 그 위에 표현 기술과 설명 기술도 빠르게 쌓아갈 수 있을 것입니다.

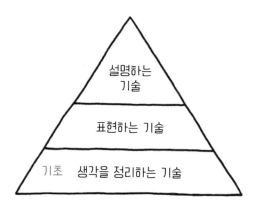

그림의 표현 방식과
설명 방식

내용 전달을 위한 '그림 활용법'

'그림은 본질적으로 이해를 돕기 위한 도구다'라는 전제를 바탕으로 그림을 사용하여 생각하는 방법, 그리고 습관화하는 방법에 관해 알려드렸습니다. 그러나 그림의 가능성은 그것뿐만이 아닙니다. 그림으로 정리한 내용을 다른 사람에게 전달할 수도 있습니다. 전달 도구로도 사용할 수 있는 것이죠.

이때 표현 방식과 설명 방식에서 가장 신경 써야 할 점은 무엇일까요? 내용을 전달할 때 쓸데없는 정보까지 덧붙이지 않도록 주의해야 한다는 점입니다. 그림으로 정리했던 생각이 복잡한 상태로 되돌아올 수 있기 때문이죠. 최대한 간결하고 세련되게 표현하는 것이 중요합니다.

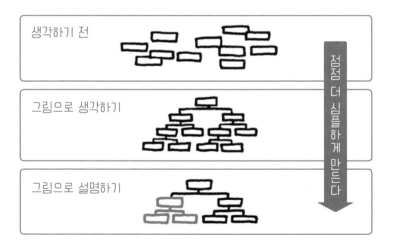

표현 방식의 요점

  그림을 세련되게 표현한다는 것은 요점을 더욱 강조하여 시각적으로 돋보이게 만드는 것을 의미합니다. 그러기 위해서는 다음의 다섯 가지 요소를 이해하고 있어야 합니다.

그림의 외형과 관련된 다섯 가지 요소

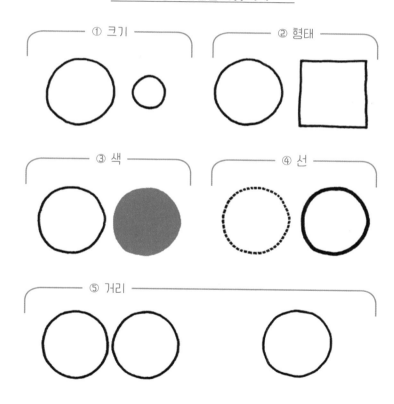

① 크기

항목별로 '크기에 차이'를 주거나 '크기를 똑같이' 하는 두 가지 경우가 있습니다.

방법 ① 크기 차이가 나는 경우

가장 왼쪽에 있는 큰 원이 가장 먼저 눈에 띕니다. 반면 가장 오른쪽에 있는 작은 원은 존재감이 훨씬 덜하죠.

방법 ② 크기가 같은 경우

똑같은 크기로 그리면, 세 가지 요소가 모두 동일한 가치를 지닌다는 것을 한눈에 알 수 있습니다.

이런 느낌의 차이를 그림에 반영하면, 메시지를 더욱 정확하게 전달할 수 있습니다.

방법 ① 크기 차이가 나는 경우

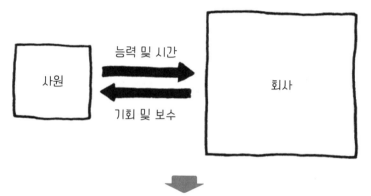

회사가 더 큰 존재인 것 같은 인상을 준다

방법 ② 크기가 같은 경우

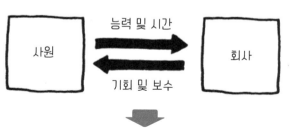

회사와 사원이 동등하다는 인상을 준다

❷ 형태

크기 차이와 마찬가지로 형태의 차이로도 내용을 약간 달리 할
수 있습니다. 예시로 아래 그림의 형태 일부를 바꿔보겠습니다.

변경 전: 사각형과 화살표

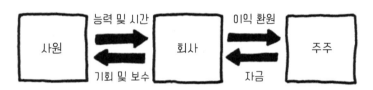

사각형으로 표현한 '사원', '회사', '주주' 중, '사원'과 '주주'를 원
으로 바꿔보겠습니다.

변경 후: 사원과 주주를 원으로 표현

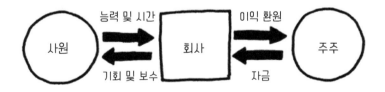

이렇게 하면, 개인인 '사원'과 '주주' 그리고 조직인 '회사'를 형
태만으로도 구별할 수 있습니다. 이렇게 형태만 달리 해도 쉽게
차이를 나타낼 수 있습니다.

3 색

크기와 형태만큼 확실하게 차이를 나타낼 수 있는 것이 바로 색입니다. 흐린 색보다 진한 색일수록, 그리고 눈에 띄는 색일수록 존재감이 커집니다.

예: 색의 차이

예를 들어 중요한 부분에 색을 칠하면, 그림을 본 사람은 그곳이 중요하다는 것을 쉽게 알 수 있습니다.

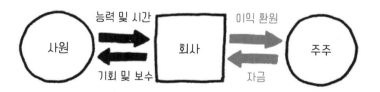

그러나 색을 많이 사용한다고 꼭 좋은 것만은 아닙니다. 색이 늘어날수록 오히려 그림이 복잡해지기 때문이죠. '모노톤+눈에 띄는 한 가지 색'을 기준으로 사용해보세요.

4 선

선의 두께를 통해 항목끼리의 연결 강도와 존재감을 나타낼
수 있습니다.

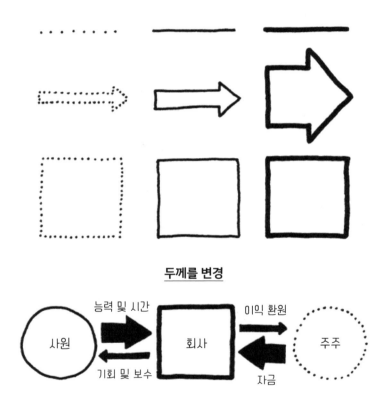

두께를 변경

회사의 존재감이 가장 크고, 사원에게서 많은 '능력 및 시간'
을, 주주에게서 많은 '자금'을 받고 있다는 인상을 줍니다.

5 거리

우리는 거리가 가까우면 가까운 관계로, 거리가 멀면 소원한 관계로 인식합니다.

거리에도 의미를 부여하면, 내용을 더욱 명확히 전달할 수 있습니다.

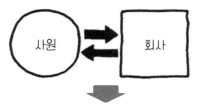

사원과 회사가 가까운 관계를 유지하고 있다는 인상을 준다

사원과 회사가 먼 관계를 유지하고 있다는 인상을 준다

설명 방식의 요점

앞서 '그림의 외형을 세련되게 표현하는 방법'에 관해 설명했습니다. 이번에는 다른 사람에게 설명하는 방법에 관해 알려드리겠습니다.

아무리 그림을 보기 좋게 그렸더라도, 설명을 제대로 하지 못하면 말짱 도루묵입니다.

이 책에서 다룬 7가지 그림 중, 아래의 두 그림은 항목이 너무 세세해서 프레젠테이션용으로 사용하기에는 적합하지 않습니다. 이런 그림은 혼자서 생각을 정리하거나, 소수의 사람들과 차분히 이야기를 나눌 때 사용하면 좋습니다.

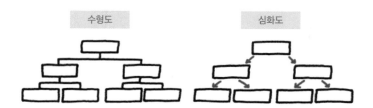

소수의 사람들과 이야기하거나, 혼자 생각을 정리할 때

❶ 교환도
우선 등장인물을 명확히 할 것

"앞으로 말씀드릴 내용은 소매업의 비즈니스 사례에 관한 이야기입니다. 이 예시에는 소매업자 외에도 도매업자와 고객이 등장합니다."

등장인물을 명확히 한 후, '서로 무엇을 교환하고 있는가?'를 이야기하면 내용이 머리에 훨씬 잘 들어옵니다.

❷ 피라미드도
우선 몇 층으로 나눌지 명확히 할 것

"기업이 나아갈 방향은 크게 세 개 층으로 나눠서 생각해볼 수 있습니다. 최상위층에 오는 것이 바로 '비전'이죠. 그리고……."

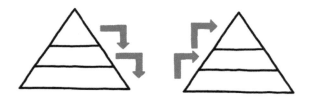

가장 먼저 전체적인 형태를 알려줍니다. 그리고 최상위층부터 아래쪽으로, 또는 최하위층에서 위쪽 순으로 이야기하면 내용이 머리에 훨씬 잘 들어옵니다.

❸ 벤다이어그램

우선 구성 요소를 명확히 할 것

"필요한 요소는 세 가지입니다. 첫 번째는 ……이고, 두 번째는 ……이며, 세 번째는 ……입니다."

구성 요소를 명확히 한 후, "당사의 제품은 이 모든 특징을 겸비하고 있습니다. 이 벤다이어그램에 주목해주시기 바랍니다"라고 이야기하면, 강한 인상을 남길 수 있습니다.

❹ 비교도

우선 비교 축을 명확히 할 것

"세로축은 부가가치입니다. 아래로 갈수록 가치가 낮아지고 위로 갈수록 가치가 높아집니다. 가로축은 가격입니다. 왼쪽으로 갈수록 저렴하고 오른쪽으로 갈수록 비싸집니다. 당사 제품과 경쟁사 제품의 위치는……"

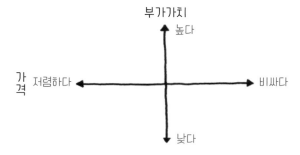

우선 비교 축을 명확히 한 후 비교 대상의 위치를 설명해나가면, 내용이 머리에 훨씬 잘 들어옵니다.

⑤ 과정도
우선 몇 단계인지 명확히 할 것

"본격적으로 시스템을 도입하기 위해서는 네 단계를 거쳐야 합니다."

먼저 목표와 그 목표까지 몇 단계가 있는지 전달한 후, 각 단계의 세부 내용을 설명합니다. 어느 단계를 이야기하는지 쉽게 파악할 수 있어서 내용이 머리에 훨씬 잘 들어옵니다.

그림으로 생각하고,
그림으로 설명하기

앞서 소개한 그림 표현 방식의 흐름을 확인해봅시다. 다음 페이지의 그림을 보세요.

자신의 생각을 정리하기 위해 그림을 활용할 때는 ❶~❸ 부분만 신경 쓰고, 타인과의 소통이나 정보 전달을 위해 그림을 활용할 때는 ❶~❺의 전체 흐름을 신경 씁니다. ❶~❸은 각 강의에서, ❹~❺는 182페이지에서 다시 한 번 살펴보세요.

\<생각\>

❶ 소재 결정

개인적인 일, 업무와 관련된 일, 자신의 장래에 관한 일 등, 그림으로 생각할 수 있는 소재를 결정합니다.

❷ 생각의 방식 결정

소재를 결정했다면, 그것을 '깊게 파헤치고 싶은지', '비교하고 싶은지' 등, 생각의 방식(활용할 그림)을 결정합니다.

❸ 대상의 이해

생각의 방식을 결정했다면, 정보를 파악해봅시다. 이 단계까지가 생각 부분에 해당합니다.

\<전달\>

❹ 표현 방식의 조정

그림에 크기와 형태, 색 등을 가미하면 훨씬 더 명료하게 생각을 정리하고 내용을 전달할 수 있습니다.

❺ 설명 방식의 조정

각 그림에 적합한 설명 방식으로 자신이 이해한 내용을 상대방에게 전
달합니다.

사고와 전달의 흐름

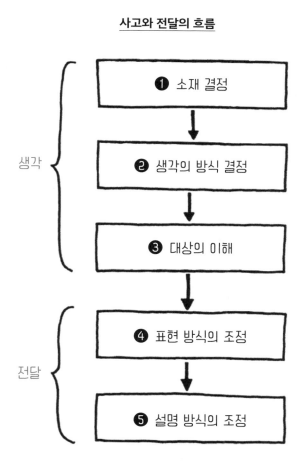

그림은 생각을 가다듬는
최고의 수단입니다!

"그림으로 생각 정리하기에 관한 책을 한번 써보시겠어요?"

출판사로부터 이런 제안을 받았을 때, 솔직히 주저했습니다. 서점에는 이미 유사 도서들이 산더미만큼 쌓여 있었으니까요. 책에 담을 내용이 아직 남아 있을지, 나만의 콘텐츠를 제공할 수 있을지 등 이런저런 생각이 들었습니다. 또 막상 책을 써보려 하니 독자에게 새로운 가치를 전달할 수 있는 아이디어가 좀처럼 떠오르지 않기도 했죠.

지금 생각해보면, 다양한 음식을 담아내는 도시락처럼 책에 너무 다양한 내용을 담으려고 했던 게 문제였던 것 같습니다.

◎ '두 마리를 토끼를 잡으려다' 결국……

기업 연수나 워크숍을 진행하다 보면 "기획서나 프레젠테이션에서 그림을 능숙하게 활용하고 싶다" 또는 "이해하기 쉽게 내용을 전달하고 싶다"라는 말을 자주 듣곤 합니다. 그래서 처음에는 프레젠테이션용으로 활용할 수 있는 그림을 반드시 다뤄야겠다고 판단했습니다. 당시 저는 디자인 관련 일을 하고 있었는데, 그림의 레이아웃이나 색, 서체 등 '표현 방법'도 알려주면 특색 있는 책이 될 거라고 생각했죠.

그러나 한편으로는 '그림은 프레젠테이션 툴이기 이전에 생각을 정리하는 사고의 툴이다'라는 명제가 경험상 훨씬 더 마음에 와 닿기도 했습니다.

결국 '생각 정리용 그림'과 '프레젠테이션용 그림'이라는 두 가지 내용을 한꺼번에 담으려다 많은 시행착오를 겪었습니다. 그야말로 '두 마리 토끼를 잡으려 했던 것'이죠. 하지만 그럴수록 책의 내용은 어중간해질 뿐이었습니다.

그렇게 수차례에 걸쳐 엄청난 수정을 거친 후에야 지금의 '생각 정리용 그림'에 안착하게 되었습니다.

◎ 그림으로 생각하면 심플해진다

이 책의 콘셉트는 명확합니다.

'그림은 프레젠테이션 툴이기 전에 사고의 툴이다.'

그림을 통해 생각이 심플해지면, 그 내용은 자연스레 상대방에게 전달됩니다. 서체나 색 등으로 그림을 보기 좋게 꾸밀 수 있다면 더 좋겠지만, 그건 본질이 아닙니다. 그런데도 사람들은 왜 그런 표현 기술을 익히고 싶어하는 걸까요? 그 이유는 '인간은 내면을 가다듬어야 하듯이' 그림 생각법은 '그림의 본질을 다듬어야 한다'는 내용을 지금껏 어느 책에서도 충실히 다룬 적이 없었기 때문입니다.

그래서 이 책은 그림의 본질, 이른바 사고의 틀을 다듬기 위한 훈련서로 펴냈습니다. 그런데 왜 표현 기술보다 사고법을 익히는 것이 더 중요할까요? 혹시 다음과 같은 경험이 없는지 생각해보세요.

프레젠테이션용 프로그램으로 만든 깔끔한 그림인데, 내용이 눈에 잘 들어오지 않는 경우가 있습니다. 반면 회의 도중 한 동료가 화이트보드에 쓱쓱 그림을 그렸는데, 색상은 검은색뿐이고 선도 똑바르지 않지만 내용은 단번에 파악되는 경우도 있죠.

결국 중요한 것은 외형이 아니라 내용입니다. 외형이 멋지면 당연히 더 좋겠지만, 제대로 된 내용 없이 외형만 꾸민다고 해서 그림으로 어떤 내용을 잘 전달할 수 있는 것은 아닙니다.

이 책의 마지막 부분에서 '표현 방식과 설명 방식'에 관해 알려드렸죠? 그것 또한 단순한 전달 기술이 아니라 자신의 생각 정리 방식을 전달하기 위한 수단입니다. 그런 의미에서 이 책은 쉽게 익힐 수 있는 기술을 일절 배제한 독특한 책이라고 볼 수 있습니다.

따라서 이 책을 읽는다고 해서 어떤 기술을 곧바로 향상시킬 수는 없습니다. 또 이 책은 기술 향상법이 아니라 훈련법을 정리한 것이므로, '그림으로 생각하는' 기술을 익히기 위해서는 여러분 스스로 끊임없이 훈련해야만 하죠. 그 훈련에 이 책이 큰 도움이 될 수 있기를 바랍니다.

1년 반에 걸친 집필 기간 동안 편집부의 나카무라 아키히로 씨의 도움이 없었다면 아마 이 책은 세상에 나오지 못했을 것입니다. 이 자리를 빌려 감사의 말씀을 전합니다.

그리고 책을 쓰는 데 집중할 수 있도록 도와준 아내와 아이들에게도 고맙다는 말을 전하고 싶습니다.

이 책을 찾아주신 여러분도 저처럼 그림으로 생각하기를 취미로 즐길 수 있는 날이 오기를 기대해보겠습니다.

2017년 10월

사쿠라다 준